ことばの生まれる景色

ナナロク社
NANA ROKU SHA publishing

文
辻山良雄

絵
nakaban

まえがき

辻山良雄

この『ことばの生まれる景色』は、わたしが東京の荻窪で営んでいる本屋「Title《タイトル》」で行った、同名の展示をもとにしたものだ。展示では辻山が本を選び、その本を端的に表していると感じた一節と短い紹介文をそれぞれ書いて、画家のnakaban《なかばん》さんには本からイメージを膨らませた絵を描いていただいた。様々な画風の絵には、「すばらしかったです」と満足した感想を話す人がほとんどだった。

展示を書籍化するにあたり、こんどはわたしがその本を読んだ記憶を辿り、そこから思い浮かんだことを、エッセイとして新たに書き加えた。

選んだ本は「古典」が多くなった。新しく刊行された本も、その時代と切り結ぶ勢いがあり好きなのだが、長く読まれるものには時を経た落ち着きがあり、いつ読んでも何かを返してくれる懐の深さがある。一つ一つを見ると、書評とも身辺雑記とも異なる、不思議な感じのする文章となったが、それぞれの本に対する自分の関わりかたが、そこにはよく表れていると思った。

展示は三回行ったので、この本も各回ごとの三章に分け、さらに全体として四話を追加した。それぞれの章は、少しずつその色合いが異なっている。

そもそもこの企画を行ったのは、わたしがもっとnakabanさんの絵を見たかったから、自分の店のギャラリーに「宝物のようにして」飾りたかったからにほかならない。だからそれが実現しただけで、わたしとしては満足していたのだが、ある日nakabanさんから「この企画に関して、我々はもっと野心を持つべきだと思うのですね」という、珍しく強い語調のメールが届いた。そんなとき偶然にも、ナナロク社の川口恵子さんより書籍化の話をいただいたのだが、展示に新たないのちを吹き込んでくれた川口さんと、それを絵と文章が並び立つ、一冊の美しい本に仕上げてくださったデザイナーの鈴木千佳子さんには、感謝の気持ちしかない。

いまこうして並んでいる四十の文章はすべて、スマートフォンに取り込んだnakabanさんの絵を見ながら書いたものだ。だから一つずつの話は、絵と文章を一緒に楽しんでいただければと思っています。

目次

1

2

3

本書は、三回にわたりTitleで開催した
左記の展示をもとに大幅に加筆・修正し、構成しました。

nakaban × Title exhibition「ことばの生まれる景色 I」
二〇一七年一月十日〜二月六日
nakaban × Title exhibition「ことばの生まれる景色 II」
二〇一七年八月二十六日〜九月四日
nakaban × Title exhibition「ことばの生まれる景色 III」
二〇一八年三月二十三日〜四月八日
会場：Title 二階ギャラリー

「『旅をする木』」「『尾崎放哉全句集』」の原稿は、

『未明01』『未明02』に掲載されたものに加筆・修正し収録しました。

「『森の兄妹』『あひる』」「『ビニール傘』」「『樽山節考』」

「『声めぐり』『異なり記念日』」の原稿は、本書のための書き下ろしです。

1

ある日、東京、神田の古本屋街の洋書専門店で、一冊のアラスカの写真集を見つけた。たくさんの洋書が並ぶ棚で、どうしてその本に目が止められたのだろう。まるでぼくがやってくるのを待っていたかのように、目の前にあったのである。

『旅をする木』　星野道夫

今年の夏、生まれてはじめて野生のヒグマを見た。それはアイヌ語でルシャ（浜へおりていく路《みち》）と呼ばれた、開けた浜辺でのことであり、鱒《ます》が川へと遡上《そじょう》してくる夏の終わりには、よくこのあたりに姿を見せるのだという。

ヒグマを見たのは知床《しれとこ》半島に沿って進む遊覧船からのことだったので、肉眼ではぬいぐるみのように小さく見えた。陽の光をいっぱいに受け、のっそりと歩く黒い姿は、触れてはいけない小さな神さまのようであった。一頭の子熊を含む五頭のヒグマは、いつまでも川のそばで遊んでおり、そうしているあいだにも、船はその浜辺からだんだんと遠ざかっていった。

星野道夫のことを考えたとき、決まって思い浮かぶ二つの姿がある。一つは極寒の北極圏の夜、一人きりのテントのなかで灯りを頼りに一冊の本を読んでいる、探検家となったのちの姿。そしてもう一つは神田の古本屋街で、偶然手にしたアラスカの写真集を何度もながめながら、まだ見ぬ遠い大地を思い浮かべる若かりし日の姿だ。その二つの姿を並べたとき、自らの生を全速力で駆け抜けた、この写真家であり探検家の一貫した人生があざやかに浮かんでくる。

星野は子どものころ、いまこの同じ瞬間に北海道ではヒグマが生き、呼吸しているということを想像し、「すべてのものに平等に同じ時間が流れている不思議さ」に気がついた。そのとき抱いた自然へのあこがれは、それから何年経ったあとでも、星野のなかで何一つ変わることなく残っていた。アラスカで暮らす先住民、森の奥で出会った野生のヒグマ、冬の夜空を照らすオーロラの光……その対象が何であれ星野が撮った写真には、被写体との一度きりの邂逅《かいこう》を、いつでも新鮮な驚きをもって見つめている息遣いが感じ取れる。

星野道夫は、終始〈失われていくもの〉の側に立ち続けた人であった。その土地に根付く自然や文化、風習を根こそぎ破壊していく西洋文明には懐疑的であり、何千年も前から引き継がれた先住民の偉大な智慧《ちえ》とそれをいまに残す人々に、心からの敬意を払った。目のまえに見えている世界よりも遥か昔から存在する、賢くて偉大なものに抱かれている、という安心感は、星野を一人でいても孤独にはさせなかっただろう。大平原にテントを張り一人眠るとき、星野が対話していたのは国境や民族を越えた、人類そのものの魂《スピリット》とでも言うべき存在であった。そうしたことばを必要としない対話にこそ、星野は自分自身を癒すことができ、心の底から満ち足りたのではないだろうか。

圧倒的な自然のなかに、一人の人間として自らの存在をさらすとき、人は謙虚にならざるをえない。そうして自分の小ささを正確に見つめるからこそ、その極限の状況で得たことばにはいのちが吹き込まれ、ときを超えて読むものの胸を打つのである。

星野道夫はテレビ番組の企画でロシア・カムチャッカ半島を取材中、自らが愛し、撮影を続けたヒグマに襲われて死亡した。最後の瞬間星野が何を思ったのかは、誰にもわからないままだ。

＊『旅をする木』星野道夫（文春文庫）

夕方、窓から外を眺めていると、ふいに霧が立ちこめてくることがあった。あっという間に、窓から五メートルと離れていないプラタナスの並木の、まず最初に梢《こずえ》が見えなくなり、ついには太い幹までが、濃い霧の中に消えてしまう。

『ミラノ　霧の風景』　須賀敦子

須賀敦子の書く文章にはじめて触れたのは、大学生のころ。目に入る本をかたっぱしから読んでいたときに、『ミラノ　霧の風景』も偶然手にしたように思う。無駄をそぎ落としたなかにも抒情が含まれる端正な文章に、「こんなものを書く人がいるのか」と驚き、その清冽《せいれつ》さにひかれた。それからというもの、須賀の書いた作品を見つけては次々と読み耽《ふけ》り、その文章を身体じゅうに沁み込ませた。

その後大学を卒業して書店に勤めるようになり、日々出入りする本のなかに身を投じてみると、須賀はいつも気配を感じてはいるものの、日常的に親しみその本を開くという著者ではなくなった。次々と刊行される目新しい本のなかで、その時々に読む本も目まぐるしく変わる。かつて熱心に読んだ『ミラノ　霧の風景』や『コルシア書店の仲間たち』は、本棚の隅のほうへと静かに追いやられていった。

その距離が再び縮まったのは、会社を辞め自分の本屋を開こうと決めたときからだ。どのような店にしようかと想像してみたとき、記憶のなかから須賀がかつて勤めていた、コルシア書店の姿が浮かび上がった。ミラノの教会の軒先を借りたその小さな書店には、本を書く人読む人が行き交い、同じ場所では出版も行われていた。自分でもそうした動いている本の在りかを作りたいと思い、Titleという店を開いた。

本屋では、店主のよく知る本がその店のロングセラーとなっていく。店をはじめてみると、須賀が書いた本は多くの人の手に取られ、店を表す特別な本となった。

『ミラノ　霧の風景』はいま読み返してみても、それまでの人生をすべてそこに書ききろうとする、作者の静かな気迫に溢《あふ》れている。

人生の充実した時期を過ごしたイタリアから帰国後、須賀はイタリア文学の翻訳家として外国文学の愛好家からは知られていたが、一般的には知る人ぞ知る存在だった。イタリアでの体験を文章にしてみたらどうかという勧めはあっただろうが、まだ熱を帯びているその生々しい時間を書くには、もう少し距離をおく必要があったのかもしれない。

そしてそのときはついに訪れた。帰国後約二十年が経ち、その後亡くなるまでの十年足らずで、須賀は膨大な量と質の文章をものにした。それを書くことは彼女の人生のなかで、「いつかは果たさなければならない約束」のようなものであっただろう。自分が「須賀敦子」になった場所に立ち帰り、それを文章で記すこと。それは実際にはいなくても、ずっと親しく感じていたなつかしい人たちと、再びこの世界でともに生きることでもある。二十年間止まっていた時間を惜しむように次々と書かれた作品には、多くの人が圧倒され、深く魅了されることとなった。

『ミラノ 霧の風景』は、この街に特有の霧の描写からはじまる。その霧はいま思えば、その後の様々な作品へと続く扉でもあったのだ。

＊『ミラノ 霧の風景』須賀敦子（白水社）
＊『コルシア書店の仲間たち』須賀敦子（文春文庫）

枯れたチューリップを
袋に入れて
あたらしい花を活ける

マーガレット
カーネーション
ラナンキュラス
アネモネ
息をする
一週間前に買った
窓際のクロッカスも
一輪　咲いた

『よいひかり』

三角《みすみ》みづ紀《き》

「詩の発表朗読会」と題されたイベントをTitleで行ったことがある。まだ一冊の本というかたちにはなっておらず、誰もがはじめて出合う詩を、詩人が自らの声で朗読し、この世界に送り出すという企画だ。朗読する詩人は三角みづ紀。八月の暑い夜、身体をぎゅっと縮こめて編集者の後ろについて入ってきた姿は、開放されることを待っている生命力を、自らのなかに溜め込んでいる植物のように見えた。

イベントがはじまった。詩集はまだ刊行前であり、印刷されたテキストが配られるわけでもなかったので、観客は詩人の発する声を頼りにその世界を想像するしかなかった。うす暗い店のなかを、詩人の震わせるかすかな声が通り抜け、それを聞き漏らすまいと観客の誰もが、少し前のめりの姿勢で集中していた。

朗読された詩は、ベルリンに滞在中の一カ月で書かれたものということだった。訪れたこともなければ写真で見たこともない、街の空気やホテルの部屋、市場などが、その声を聞いたそれぞれのなかに立ち上がってくる。

枯れたチューリップを
袋に入れて
あたらしい花を活ける

詩人のことばにより活けられた花。続けて花の名前がゆっくりと声に出され、何もない空間のなかに咲きはじめる。声にされたことばだけで構築された世界は最初頼りなくも感じられたが、その時間に馴染《なじ》んでくるに従い、生まれたばかりの世界とかすかに触れ合った感触が、身体じゅうを満たしはじめた……。

台所の磨り硝子からさしこむ陽光を眺めつづけて、さみしいくらい感情というものがなくなったときに詩が湧き出る。

「あとがき」

三角は高ぶった自分の感情を放出するのではなく、世界と同化し、自分が世界そのものとなったときに見えたものを記述する。そのとき、世界は美しくも醜くもなく、ただ眼に映っただけの平らかな景色となる。三角は自らの存在をしずめることにより、その届きそうで届かない、しんとした地点に立った。

ベルリンで、北海道で……日常の慌ただしさを離れた旅のなかから生まれた詩篇は、確かにそこの場所と結びついている。しかしそれは同時に世界のどこにでも存在するような、ありふれてはいるが特別な瞬間として、読む人のいるところまでやってくる。

＊『よいひかり』三角みづ紀（ナナロク社）

しかし、明くる日、朝四時に、とうとう目に見える新世界の姿が、その香りにふさわしく水平線に立ち現われる。二日二晩のあいだ、ひと続きの山脈《コルディエラ》が私たちの前に展開して行った。

『悲しき熱帯』　レヴィ＝ストロース

かつて神戸と中国の天津《てんしん》を二泊三日で結ぶ、「燕京《ヤンジン》」というフェリーがあった（日本の旅行者からは「えんきん」とも呼ばれていた）。大学一年の春休み、はじめて行った外国への旅は、この燕京号で天津に向かうことからはじまった。

そのときは中国好きの友人と、シルクロードをパキスタンとの国境付近まで行こうと計画していた。しかし船のなかでガイドブックをよく読んでみると、その時期のシルクロードは極寒の季節にあたり、一日の気温はずっと零度を下回り、氷点下二十度近くまで下がる日もあるという。寒さに対して何の備えもなく、行きの船のチケット予約しかしていなかった我々は、『地球の歩き方　中国』を読みながら、旅行の目的を「南西部の雲南省に行き、少数民族の村を訪れる」ことにあっさりと変更した（中国が広い国でよかったと思った）。

航海は遅れているようで、船のなかでは長く退屈な時間を過ごしたが、三日目の夕方、もうすぐ港に着岸するというアナウンスが中国語と日本語で流れた。多くの船客に混じり甲板に出てみると、遠くに黒ずんだ大地が見え、やがてその黒い塊は近づくにつれて見慣れない中国語の看板や埠頭《ふとう》の建物へと変わっていった。はじめて見る大陸を前にして、「ここには、どのような人がいるのだろう。果たしてその人たちと会話は成り立つのだろうか」と、先ほどまでの緩んだ気持ちは一変し、不安と高揚が入り交じった感情が身体の奥底から湧き上がってきた……。

かつて異文化との接触は、その多くが海からはじまった。一九三五年、レヴィ＝ストロースが乗った船は南フランスのマルセイユを出港し、ブラジル・サントスへと向かった。哲学者としてのキャリアを放棄し、社会学の教授としてブラジルのサンパウロ大学に赴任することは、若き学者の胸をエキゾチックにときめかせたに違いない。途中いくつかの港に立ち寄り、大西洋を横断する大航海ののち、新大陸をはじめて目の当たりにした旅の記述は躍動感に満ちて、『悲しき熱帯』のなかでも特に印象深い箇所である。

だが、まだ生きており、しかも自らの伝統に忠実な一つの社会を前にした時の衝撃は、私を狼狽《うろた》えさせるほど強いものだった。

自伝的な紀行文とも言える『悲しき熱帯』だが、それは現在から過去をただ時系列に振り返るという、単純なものではなかった。出来事から受けた衝撃の強さのまま、時間と空間とが思考の流れに任せて自由に行き来する文章は、この本を単なる紀行文でも文化人類学の教科書でもない、一風変わったものにしている。

哲学者としての道は放棄したレヴィ＝ストロースであったが、その思想は未開の地を養分として芽を出し、独自の巨大な樹へと成長を遂げた。自身が出会った人びとの多種多様な生きかたが指し示した先には、いつも硬直した〈西洋〉があった。「人類の歴史は、常に前に向かって進化している」という西洋文明が拠《よ》って立つ揺るぎない信念は、進化から取り残された存在に対しての寛容さを欠く危ういものだ。単一な思考には、いつかは世界や人類が向かうであろう滅びへの速度を早めてしまう側面がある。レヴィ＝ストロースは『悲しき熱帯』以降、「単純」へと向かう世界に風穴を開ける、「野生の思考」を展開していくことになる。

世界は人間なしに始まったし、人間なしに終わるだろう。

この悲観的にも冷静にも見える『悲しき熱帯』の結びには、自己中心主義とはほど遠い、真に公平な知性がある。それは学問に携わるもののみならず、この時代に生き合わせたものすべてが持つべき倫理観のようにも思える。

＊『悲しき熱帯 Ⅰ・Ⅱ』
レヴィ＝ストロース
川田順造／訳（中央公論新社）

奇妙かもしれないが、私にとっては、いま起こっていること
とやすでに起こったことの意味を探り、発見する、ひとり
だけの時間をもたぬかぎり、友達だけではなく、情熱かけ
て愛している恋人さえも、ほんとうの生活ではない。

『独り居の日記』

メイ・サートン

ある日、店に届く新刊案内のなかに、「メイ・サートン」という懐かしい名前を見つけた。アメリカ・ニューハンプシャー州のネルソンという片田舎に老屋を買い、そこでの思索と創作の日々を綴った『独り居の日記』はかつて多くの人に読まれたが、その詩人の名前をここ何年も目にすることはなかった。「えっ、いまメイ・サートンか」と正直なところ驚いたが、そのとき出版された『70歳の日記』と、その後新装版が出た『独り居の日記』は、この時代でも（こ﹅の﹅時﹅代﹅だ﹅か﹅ら﹅こ﹅そ﹅、かもしれない）手に取られ、静かに読み続けられている。それは何より嬉しい誤算であった。

サートンの日記は身辺雑記というよりは、自らをその弱さも含め凝視した、厳しい創作者としての姿が表れたものだ。そこでは後悔や自己嫌悪、思いどおりにならないものへの悪態といった激しい感情が絶え間なく吐露され、周りの落ち着いた環境とは対照的に、その精神は休まることがない。

一般に多くの人にとっても、自分を見失わないための「帰ってくる場所」が必要である。外で生きられた人生は、自分の内にこもり内省した時間を通じて、はじめてその人のものとなる。机に向かい、自分に起こったことを静かに反芻《はんすう》するなかで、サートンの魂は少しずつ深まりを見せた。八十二歳のときに書いた日記を最後として、その翌年サートンは亡くなったが、若いころと同じ激しい感情は残しながらも、老いをも受け入れた穏やかな日々が、最晩年の日記には綴られていた。

くもり日……でもふしぎなことに、くもり日は屋内の水仙に特別な輝きというか、一種の白光を与える。今朝私はベッドの中から、大部屋の、古いオランダ製の白と青の薬壺に入れた一束の水仙を見通すことができたが、その花々は輝いていた。

美しい自然や素朴な隣人からなる暮らしの出来事は、それぞれが小さな「詩」に満ちている。それらはかすかな変化やまれに訪れる恩寵《おんちょう》であり、一人の生活のなかでようやく気がつくことのできる、ささやかなものだ。

そしてサートンと同時代を生きた日本の女性詩人にも、一人でいることについて考えた人物がいる。

一人でいるのは　賑やかだ
賑やかな賑やかな森だよ
夢がぱちぱち　はぜてくる
よからぬ思いも　湧いてくる
エーデルワイスも　毒の茸《きのこ》も

茨木のり子「一人は賑やか」

茨木のり子の詩に書かれた感情は強がりではなく、エーデルワイスも毒の茸も、一人で立つものの前にしか現れない。一人でいるときの充たされているという喜びだけが、そのとき身体じゅうを駆け巡る。一人でいることが淋しいのではなく、その淋しさを紛らわそうとする心が淋しいのだと、この東西の女性詩人たちは考えていたようだ。

＊『独り居の日記』メイ・サートン
武田尚子／訳（みすず書房）
＊『茨木のり子詩集』谷川俊太郎／選（岩波文庫）

沖のうつくしか潮で炊いた米の飯の、どげんうまかもんか、あねさんあんた食うたことのあるかかな。そりゃ、うもうござすばい、ほんのり色のついて。かすかな潮の風味のして。

『苦海浄土《くがいじょうど》』

石牟礼道子《いしむれみちこ》

二〇一八年二月二十日、横浜美術館に写真展「石内都《いしうちみやこ》　肌理《きめ》と写真」を観にいった。展示の中盤、そのわずか十日前に逝去した作家、石牟礼道子の手足を接写した「不知火《しらぬい》の指」という連作が、不意打ちのように現れた。皺《しわ》だらけの手足をじっと見ていると、主《あるじ》の思いや行動の数々が迫ってくるようで、しばらく写真の前を動くことができなかった。濃密な時間と感情が凝縮された、雄弁すぎる写真であった。

「石牟礼道子」という名前をはっきり意識したのは、実はここ数年のことだ。自分の本屋を開き、店として大事にしている本をさかのぼると、どの本からも自然とその名前にたどり着いた。

あるとき、意を決して『苦海浄土』を手にしたが、水俣病の悲惨さとより合わされるように描かれる、自然や人間の営みに息をのんだ。水俣湾から見た不知火海は、太古と同じ姿でそこにあり、その海に生きる人間は、大いなる自然の一部であるかのような尊厳を湛《たた》え存在していた。なかでも土地そのものと交わっているかのような「食べる」光景は、恵みをいただくという、自然と人間の本来の関係性が色濃く残っているようで、強く印象に残った。『苦海浄土』が、単に水俣病の被害を聞き書きしただけの本ならば、これほど深く人の心を捉える作品とはならなかっただろう。水俣病患者に接し患者から受け取ったことを反芻し、文学作品として昇華させるなかで、患者の声には個人を超えた人間の普遍が表れる。それは豊かな詩情と人間への理解をもってはじめてなせることであり、そこに「人間がいる」という事実の重みに、読むものは改めて心を打たれる。

春の花々があらかた散り敷いてしまうと、大地の深い匂いがむせてくる。海の香りとそれはせめぎあい、不知火海沿岸は朝あけの靄《もや》が立つ。朝陽が、そのような靄をこうこうと染めあげながらのぼり出すと、光の奥からやさしい海があらわれる。

『椿《つばき》の海の記』

春の終わりのある日、「椿の海」が見たいと思い水俣まで行くことにした。水俣に行きその海を実際に見ることは、この文章を書くにあたって必要なことだった。もちろん水俣に行ったからといって、水俣病患者や石牟礼道子のことがわかる訳ではないし、そのこともよ

く理解しているつもりだった。しかし自分の体をその場所に置いてみると、何か感じるものがあるかもしれず、自分のような通りすがりの者でも、もしかしたら書くことを許されるかもしれないと思ったのだ。

その日は雨の一日で、鹿児島空港から水俣に向かう道中は、車のボンネットを叩く雨粒の音が激しく響いていた。それでも水俣に着いたときには雨も小降りになり、水俣病資料館から海へと向かう小径《こみち》は雨に濡れた草木で覆《おお》われ、その茂みのなかには小さな赤い椿の花が咲いていた。細かな霧にけむり対岸の天草諸島までは見えなかったが、海は陸地に囲まれているせいか穏やかで、豊かな漁場を思わせる気配に満ちていた。

その後湯堂《ゆどう》、袋《ふくろ》まで行き、集落を少し歩いてみた。現在の水俣は一見静かな町で、そう言われなければ、その場所で公害病をめぐる悲惨な出来事があり、長きにわたる闘争がいまも続いているとは気がつかないだろう。その土地に降り積もった時間は、過去にあった出来事を少しずつ覆い隠していくが、それは住む人にとって幸せなことなのか、誰も簡単には判断ができない。

石牟礼が亡くなってしばらくは、その著作を求める人が多かった。ある日、そのなかから一冊、とりわけ大事そうに本を買い求められたかたと話をした。そのとき彼女は、「読んでも読んでも、なかなか進まなくて……。石牟礼さんは私にとって、本当にすごい人です」とはにかみながら話をされた。

石牟礼の文章は「書かれたこと」の密度が高く、ゆっくりとでなければなかなか読み進められるものではない。数多くの本物の読者に愛されている、石牟礼道子とはそのような作家である。

＊『苦海浄土　全三部』石牟礼道子（藤原書店）
＊『椿の海の記』石牟礼道子（河出文庫）

一瞬にして私は会得した。すべてを詩の視線で眺めること、ポエムアイ！　もはや詩をこすりつける必要はどこにもなかった。

『自選 谷川俊太郎詩集』

谷川俊太郎

谷川俊太郎がある意思を込めて口にしたことばは、すべて〈詩〉のように聞こえる。そう実感したのはまだ都内の大型書店に勤めていたころ、「谷川俊太郎のゲリラ朗読会」というイベントを行ったときだ。前もっての告知は一切せず、書店のなかで谷川が自分の目に入ったものをひたすら読み上げていくという企画だった。

そのときはブローティガンの小説、黒田三郎の詩などに混じり、古本の背表紙に印刷された古い広告が読み上げられたのだが、「洗濯機、百円。」のような無機質に思えることばでも、谷川が読むだけで、まるでいのちを吹き込まれたように聞こえたことには驚いた。

のちに、あるトークイベントでそのことについてふれたとき、谷川は「世界にあるどのようなものでも、ある視線で眺めればそこには詩情がある」と語った。ポエムアイ！「夕焼けが美しい」と思うとき、人は普段とは違う心の状態になっているが、谷川はその状態を必要なときに出し入れする。ポエムアイで見れば森羅万象にポエジーがあり、詩人はそれをいとも簡単に発見してはことばにする。

そうした融通無碍《ゆうずうむげ》さゆえに、絵本の制作、翻訳、わらべうた、映像や音楽との共作など、谷川俊太郎の行う仕事には限りがない。自作の詩も少しずつそのスタイルを変えながら、現代詩の新しい可能性を切りひらいてきた。しかしその一方で、そうした変わり身の早さはときにこの詩人の本質を見えにくくし、捉えどころのない印象を残してきたかもしれない。

書くこと読むことに恵まれて
見えない言葉の地平に向かって
今日も歩き続けている私たち

詩の行間に「私」はいない
いるのはまだ言葉を知らない
幼い詩の子どもたち

「ではまた」

「ではまた」は、二〇一八年一月~三月に東京・初台で開催された「谷川俊太郎展」のために書き下ろされた詩である。会場には半世紀以上にわたる詩作のなかから選ばれた作品が数

多く展示されていたが、なかでも一番衝撃を受けたのが、あまりにもみずみずしいこの新作だった。落ち着きのある熟練したことばのなかに、とどまるところを知らない青年の好奇心がある。こうした潑剌《はつらつ》とした青年を、谷川は心のなかで大切に保ち続けてきたのではないだろうか。実験的な詩のなかにも、子ども向けの絵本にも、前に向かって歩き続けるいさぎよい精神が潜んでいる。そんな谷川はいまでも新しい人と出会い、新たな表現を開拓している。

「I want to be a good person（良い人間になりたいんだ）」とは、映画「ギルバート・グレイプ」でのジョニー・デップの台詞だが、これを聞いた谷川は、若きジョニー・デップのことが好きになったという。技巧や見せかけではない若者の切実なことばのなかに、谷川俊太郎のポエムアイの秘密を解く鍵があるのかもしれない。

＊『自選　谷川俊太郎詩集』谷川俊太郎（岩波文庫）
＊『こんにちは』谷川俊太郎（ナナロク社）

C
AII.

芸術の本質は、見えるものを
そのまま再現するのではなく、
見えるようにすることにある。

『造形思考』 パウル・クレー

その前に立ち、ずっと眺めていられるような「見飽きることのない絵」。素描であれ抽象画であれ、パウル・クレーの絵を見飽きることがないのは、我々が自然の造形物をずっと眺めていられることと同じだ。自然といってもそれは、名所や絶景といった人を驚かせる類《たぐい》のものではなく、さざなみや山の稜線《りょうせん》、次々とかたちを変える雲など、見た次の瞬間にはそれを忘れてしまうような無名の自然である。無名の自然はその完全さによって、それを見ようとするものだけに、本来の美しさを静かに見せる。

そしてクレーの絵画もまた、絵のなかで時が循環しているような、自己充足した完全さを感じさせる。それは一人の人間に秘められた内なる自然が、キャンバスの上に現れたかのようでもあり、そこには直接描かれていなくとも、自然を前にしたときと同じ実感を、観るものの胸に呼び起こすのである。

――はじめは、いったいどうだったのだろう？ 事物は、直線方向でも曲線方向でも――

なく、いわば自由奔放に動いていたのだ。

『造形思考』は、パウル・クレーがバウハウスで教鞭《きょうべん》をとっていた時代の論文や講演の草稿をまとめた、「創造の告白」ともいえる本である。自らの絵画を構成する、線や形が生成する瞬間を捉え、多くの図版を交えながらそのときの平面上を支配する力学を考察する。『造形思考』を読む限りにおいて、創作という行為は緊張や飛躍の連続であり、絵筆を動かすわずか一瞬のあいだに、このように複雑な意志決定が成されていることは驚き以外の何ものでもない。

しかしクレーはまた、我々がどれほどその絵を理解しようと努めたとしても、常に理解の外側に存在する。『造形思考』を読むあいだは「なるほど、そんなものか」と、絵の秘密を解いたかのように納得しても、改めて作品を眺めてみたとき、その絵はいつの間にか遠ざかっており、逃げられてしまったかのようにも感じるのである。

一方、作品を鑑賞する側にとっても、最も大切なのは、時間である。肉眼は時間を追うように作られている。眼は作品の各部分を順次にじっと見ていく。

クレーの絵画を細部まで眺め、絵との距離をはかりながら作品のなかに自らを浸していくとき、時間の存在は忘れ去られる。それは日常に流れる時間からは切り離された、特権的な瞬間でもある。

パウル・クレーの絵画にはそのような「観るよろこび」が凝縮されている。それも意味を求める脳がよろこぶのではなく、作品を追いかける眼が勝手によろこぶような、自然な作用がそこには含まれる。

フォイエルバッハは、この点に関して次のように述べている。「一点の絵を理解するには椅子が必要だ」と。むろん、なんのための椅子かといえば、足の疲労から、精神の乱れをきたさぬための椅子である。

このドイツ人画家の一言には「まったくその通りですね」というより他はない。椅子に腰かけ、誰もいないところでクレーの絵を存分に眺めることができれば、それほど贅沢で幸せなことはないだろう。

＊『造形思考　上・下』パウル・クレー
土方定一・菊盛英夫・坂崎乙郎／訳
（ちくま学芸文庫）

朝早く、砂浜のいちばん端から端まで足跡を残そうと思って波打ち際をしっかりと歩く。真ん中あたりで振り返って見ると、自分の歩いてきた跡が遠くの方まで続いている。ふらふらしないで、こんな風に歩けたらと、ちょっと思う。

『夏の仕事』

永井宏

永井宏の文章をはじめて読んだときの静かな衝撃は、いまでもはっきりと覚えている。そのとき手にした『雲ができるまで』は、鎌倉や葉山で自分らしい生きかたを模索する若者たちを描いた、小説ともエッセイともつかないスケッチのような作品であった。自分の周りにもいそうな登場人物と、特別なことは何一つ起こらないストーリー……。「とても気持ちのよい文章だ」と思う一方で、このような文章がそれまで誰からも書かれていなかったことに驚いた。それからはその著者のことが気になりはじめ、新刊を見かけたときにはすぐに買い求めるようになった（どこにでも売っている本というわけではなかったのだ）。

永井宏の文章では、日々の生活のなかでうれしいと感じる瞬間が、きわめて素朴に綴られる。例えば毎日見上げる空と雲、気のおけない友人との語らい、陽だまりのなかで飲むコーヒーの味わいなど。そのような日常が永井の筆にかかると、大切でかけがえのない瞬間のように感じられるから不思議である。「表現は特別な何かにのみ、ひそむものではない」。永井の文章は、何を読んでもそう語っているかのように思えた。

丹治《たんじ》史彦《ふみひこ》さんは担当編集者として、長年永井宏の書籍を作ってきた人だが、永井が亡くなった二〇一一年から、毎朝そのことばをツイッターで紹介している。誰かが伝えていかないと、永井宏という人物はこのまま埋もれてしまうかもしれない。毎日書き続けることにはそのような意味もあったという。

「永井さんが亡くなってしまい、何だかさみしくなってね……」。しかし七年以上にわたる習慣は、そうしたやむにやまれぬ気持ちからはじまったことでもあった。人は誰かのことばを書くことで、そのことばの持ち主に近づこうとする。毎朝書き続けるという習慣は、そのように意識はしなくとも、丹治さんにとっていのりのような意味が含まれているのかもしれない。

> もっとも、そこでわかったのは、人は誰でも、ものを作ることができるといった原初的なことで、それを胸を張って言えるということを忘れている人たちが多いということでした。

美術作家であった永井は、自分の周りに集まってくる人に対し「とにかく気持ちに正直になって、何か作ってみろ」と、いつもけしかけていたという。その態度は、多少美術の心得がある人だけに限らず、何も作ったことのない人に対しても常に同じであった。「そのときあなたは、どう感じたのか」。そうした個人の実感を、永井は何より大切にしたのだろう。

「永井さんは、『その人の生活自体が作品なんだ』とよく語っていました。自分の時間を見つめて感じたことを書きとめるうちに、そのことばは次第に細やかなものとなり、生活に対する解像度が高まってくる……。永井さんにはそのような信念があったのかもしれません」

丹治さんはそう話してくれた。

いまも街を歩けば、カフェや生活雑貨を売る店をよく見かけ、書店には「ライフスタイル」を特集した雑誌が数多く並べられている。そうした〈永井宏の子どもたち〉によって、きれいに整えられた〈消費〉を見るたびに、ある複雑な、名状しがたい気持ちになる。「永井宏という人がいたんだよ……」。大切なのは、誰かのことばをありがたがることではなく、ぎこちなくても自分のことばで話し、そのそばにいることなのだ。

夏の仕事

＊『夏の仕事』永井宏（メディアファクトリー）品切れ
＊『雲ができるまで』永井宏（スペースシャワーネットワーク）品切れ

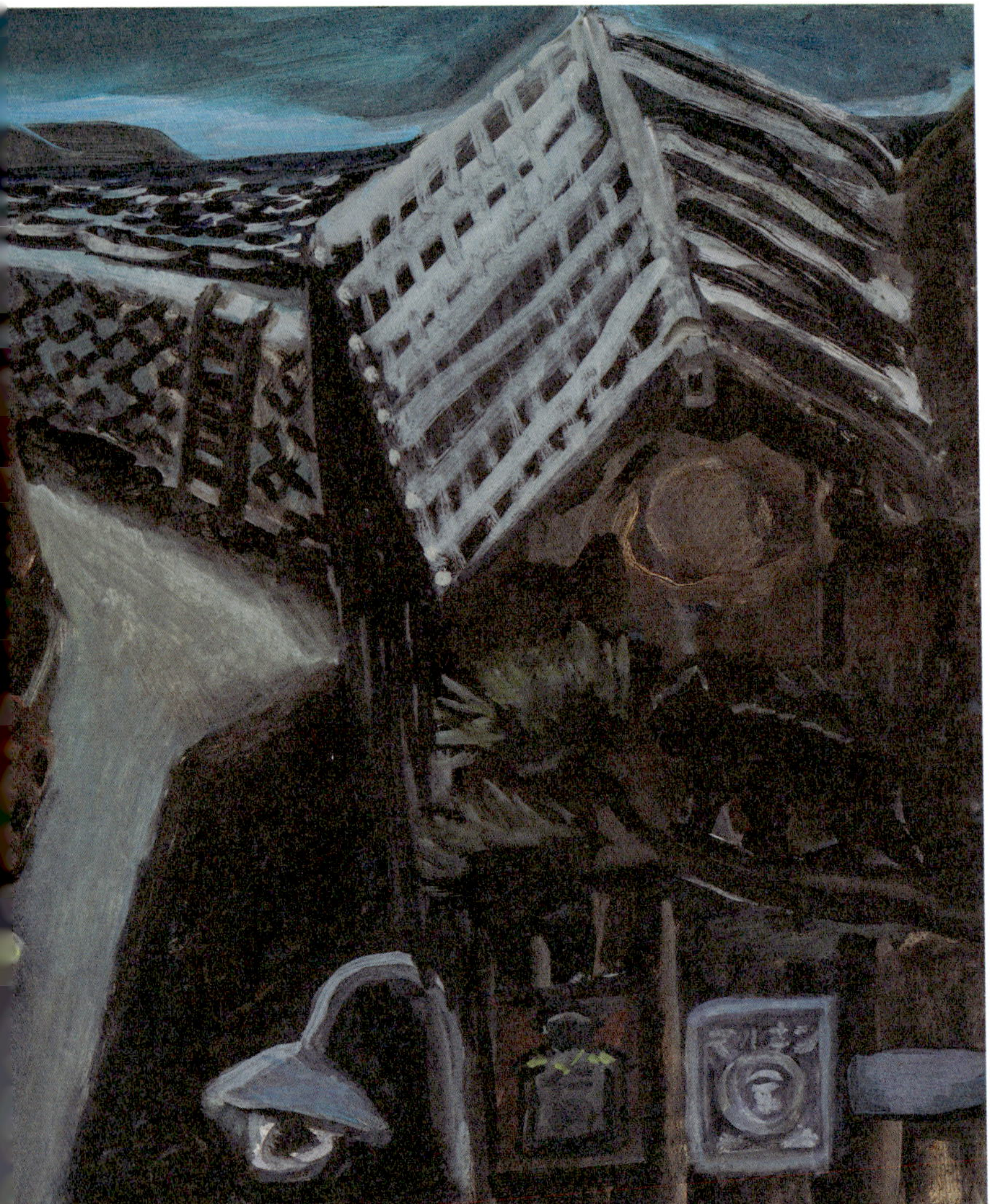

こんなよい月を一人で見て寝る

ゆうべ底がぬけた柄杓《ひしゃく》で朝

爪切ったゆびが十本ある

『尾崎放《ほう》哉《さい》全句集』

尾崎放哉

瀬戸内の海を想像したとき、あかるく、おだやかにきらめいているというイメージが、一般的だろう。もちろん春先の昼下がりや夏の日の夕暮れ時など、内海の持つのどかさ、やさしさが感じられる時間はあるが、瀬戸内の端に位置する神戸で生まれ育ったものとして、それだけではない海の姿も知っている。冬の瀬戸内海は暗く、荒れる日も多い。その季節の海面を渡る風は冷たく、海は包み込むというよりは厳然としてそこにある。尾崎放哉が人生の最後を過ごした瀬戸内の海は、そのような存在だったのかもしれない。

放哉を知ったのは、有名な「咳をしても一人」の句からであった（ほとんどの人がそうだと思う）。最初は「面白い句だな」と、その形式やことば遣いに目が向いていたのだが、その句はいつの間にか心のなかに住み着いていたようで、ある日ふとした瞬間に思い出したとき、目のまえにテクストはなくとも、句が詠まれたときの情景やその句にいたった心情までもがあざやかに思い起こされた。放哉の句には、そのようなことばの強さがありながら、どこか現代人にも通じる弱きこころがあり、そのアンバランスさも作品に惹かれる原因であった。

こんなよい月を一人で見て寝る

かつてわたしの実家があった場所から十分ほど歩くと、須磨寺という古いお寺がある。そこに放哉が寺男として住み込み、遁世《とんせい》して以降のある時期を過ごしていたことを知ったのは、最近のことだ。

放哉は保険会社の社員として勤めたのち、一人を求めてさすらいながらも、出会った尼僧や子どもたちと触れ合いながら日々を過ごしていたという。完全な世捨て人とは言い切れないイメージが須磨寺時代の句にはあり、わびしい生活のなかでも、月を「よい」と思える風雅がかろうじて残されている。

約九カ月の須磨寺逗留《とうりゅう》ののち、放哉は福井、京都と身を寄せながら、小豆島の西光寺に渡る。旅立ったのは八月十二日、暑い盛りのころだったというが、それ以降放哉が瀬戸内海をふたたび渡ることはなかった。小豆島に渡ってからの放哉の句には、一人の影がぐっと深まってくる。

ゆうべ底がぬけた柄杓で朝

一晩、眠りもせずに起きていたら、あっという間に朝になってしまった。放哉は、ここでは流れ去る時間そのものとなっている。過ぎてしまった時間のなかで、何の役にも立たずにそこにいる自分を、自嘲気味に嗤《わら》っているのだろうか。ぽんと置いたように見える「底が抜けた柄杓」ということばから、人生の底がぬけてしまったような寒々しさを感じる。

爪切つたゆびが十本ある

この句も、見るものがほかにないので、自分の指をしかたなく見ているという風情だ。この頃の句には、我々のよく知る〈放哉な感じ〉が色濃く出ている。自分の指をひたすら見つめる放哉の、内に向かう視線の強さ……。そのような孤独の極みといえそうなときでも、かわいたユーモアが放哉を、深まる自意識の淵から一瞬救い出す。放哉に「句」という表現手段があって、本当によかった。

やせたからだを窓に置き船の汽笛

最後に遺された手記からの一句。享年四十一歳。いまならまだ人生の盛りの、早すぎる死であった。

＊『尾崎放哉全句集』尾崎放哉
村上護／編（ちくま文庫）

その間夢と現《うつつ》との境のやうなる時に、これも丈《たけ》の高き男一人近よりて懐中《かいちゅう》に手を差し入れ、かの綰《わが》ねたる黒髪を取り返し立ち去ると見ればたちまち睡《ねむ》りは覚めたり。山男なるべしといへり。

『遠野物語』

柳田国男

東日本大震災以降、恐山《おそれざん》や遠野、出羽三山《でわさんざん》など「東北」を強く意識させるような場所を、毎年のように訪ね歩いた時期があった。西日本で生まれ育ったものにとって東北とは、地理的にはもちろん、意識のうえでもまったく遠いところに位置している。その東北を歩きその場所について考えることは、震災によって図らずもあらわになった「東北」に対する、自分なりの向き合いかたでもあった。

またこの地方は『遠野物語』や宮沢賢治の童話に代表されるような、「日本の物語のふるさと」といえる場所でもある。大地と交わりその声をことばにした物語は、その土地の奥底から響いてくる魅力にあふれている。東北へ向かったのは、その場所に自分でも立ってみたいと思ってのことだった。

東北新幹線の車窓から見る風景は、高く切り立った山こそないものの、低い山の連なりがどこまでも続く、狭隘《きょうあい》な印象がある。「こんな山に入ってしまったら最後、二度と戻ってくることができないかもしれないな」と、重たいくもり空を眺めながらふと思った。
窓の外を見ているうちに、小学生のころ実家の近くにあった山のふもとで、ヤゴを捕まえたり、焚火をして遊んだりしたことを思い出した。その山は低いながらも登山道の入り口となっており、川筋から崖を登るように道が続いていた。そのときには、細く奥へと続いていた山道には入る勇気がなく、ぽっかりと開いた入り口から目をそらしていたが、それは「ここから先に進むと後戻りが出来なくなるぞ」という警告を、山全体から無意識に感じとっていたのかもしれない。

上郷《かみごう》村の民家の娘、栗を拾ひに山に入りたるまま帰り来たらず。家の者は死したるならんと思ひ、女のしたる枕を形代《かたしろ》として葬式を執《と》り行なひ、さて二、三年を過ぎたり。

『遠野物語』にも山に入ったきり戻ってこなくなった人の話がよく出てくる。しかし突如として〈神隠し〉にあった人たちは、決してこの世界から消えてしまったという訳ではなく、「山人《やまびと》」としてあの山のどこかに生きていると信じられていた（数年後に変わり果てた姿で戻ってくる場合もある）。あまりにも頻繁に出てくるこの種の話は、それに近い伝承が日本

各地にまだ残っていた表れのように思う。いまのわたしたちからすれば不思議な話でも、当時の人にとってはよくあることとして受け入れられていたのだろう。

そしてこの山人は暴力をふるったり、人を喰ったりと恐れられてはいたものの、異次元の力を持った荒ぶるものとして尊重されていたようにも思える。人の暮らしていた場所のすぐ近くには、触れてはいけないとされた闇がまだ数多く残されており、山人はそうした闇に生きる存在であった。人は闇を恐れつつもときにはその力を利用して、この世界の緊張を保っていた。

その時代から遠く離れたいま、人は山を削り、かろうじて残された闇には光を当てて、自分たちの住む場所を明るく照らしてきた。闇を失った世界は明るいが、奥行きに欠け平板である。そうした闇の力をとどめておく物語が、いまの時代には決定的に不足しているのかもしれない。

＊『新版　遠野物語　付・遠野物語拾遺』柳田国男
（角川ソフィア文庫）

四年十一カ月と二日、雨は降りつづいた。小雨がぱらつく程度のときもあり、そのつどみんなは着飾って、やみあがりの病人のような顔で晴れ間を祝ったが、しかし間もなく、いったんやんでも、それはあとで雨がいっそう激しく降りだす前触れと思うようになった。

『百年の孤独』

G・ガルシア＝マルケス

Titleのギャラリーで、この『ことばの生まれる景色』に収録されたnakabanさんの絵を展示したことがある。ある日、会場に詩人の三角みづ紀さんが遊びに来られたので、展示を一通りご覧になったところを見計らい、印象に残った絵を聞いてみたところ、『百年の孤独』が面白かったという。「一枚の絵のなかに、それぞれ別の出来事や時間が折りたたまれている」ということを三角さんはおっしゃったが、それはまさに『百年の孤独』を読んだときの印象と重なった。そう言われて改めて見ると、絵のなかの時間が循環しはじめるようで、とたんに頭がクラクラとした。

『百年の孤独』は、架空の町「マコンド」を舞台とした、ブエンディア一族の百年にわたる物語である。作中には「ホセ・アルカディオ」「アウレリャノ」といった同じ名前がくり返し登場し、「数年間一日も降りやまない雨」や、「シーツとともに昇天する少女」といった、想像を遥かに超えたエピソードが次々と起こる。しかしそうした荒唐無稽な南米的リアルを別にすれば、『百年の孤独』は作者による語りの軸がぶれることなく、「次はどうなるのだろう」と読むものに期待を促してくる、シンプルで古風な物語でもある。
恐らく『百年の孤独』は、ラテンアメリカ世界に共通する文化や数多くの風習が下敷きになっているのだろう。地理的な距離以上に、その世界観が日本とあまりにもかけ離れているため、「この世界は一つではない」ということを、『百年の孤独』は読むものに強く印象づける。ときに我々が直面する、「なぜ文学を読むのか」という問いに対する一つの答えが、ここには含まれているように思う。

サーカスのことを考えながら大佐は栗の木のところへ行った。そして小便をしながら、なおもサーカスのことを考えようとしたが、もはやその記憶の痕跡すらなかった。ひよこのように首うなだれ、額を栗の木の幹にあずけて、大佐はぴくりともしなくなった。

『百年の孤独』には多くの印象深い人物が登場するが、なかでも一族の二世代目である、アウレリャノ・ブエンディア大佐にとどめを刺す。思慮深かった少年は時の政権への反乱に身を投じ、それが挫折したのちは部屋にこもり、半ば呆《ほう》けたように金細工作りに熱中する……。

アウレリャノは南米の光と影を体現したような人物であったが、いつも「一人でいる」という印象が強かった。たとえ多くの支持者に囲まれていても、アウレリャノは一人だったのであり、母のひたむきな慈愛でさえも、彼には届かなかったように思える。

『百年の孤独』には、アウレリャノに限らず登場人物たちが抱える様々な「孤独」のかたちが現れる。それは単なる「一人」という状況ではなく、生まれつき不全であることを運命づけられた、人間存在が持つ孤独である。その満たされない、さびしい心が、生きている人間を狂騒や孤立といった状況に陥れ、一族のものは家族であってもばらばらであるという人生を生きなければならなかった。そうした「孤独」が連なる物語は、一巻の長大な絵巻物のようだが、その合間からは無数の感情の呻《うめ》きが聞こえてきそうだ。

＊『百年の孤独』G・ガルシア＝マルケス
鼓直／訳（新潮社）

ガレージの後ろには庭が広がっていて、芝生の上に青いボールが転がっていた。たくさんの鉢植えや、花壇があり、黄色や紫の背の低い花が咲いていた。花壇の横には洗濯物が干してあった。色んな大きさのタオルが風に揺れている。

「森の兄妹」

『あひる』

今村夏子

小学生のころ、家から五分ほど歩いたところに、ある新興宗教の施設があった。普段は立ち寄ることはなかったが、夏休みにはそこの砂利を敷いた広い駐車場が、地域のラジオ体操の集会所に決められていたので、毎朝六時すぎ、まだ半分眠っている体を引きずるようにしてその場所まで歩いていった。

何年生のころだったかは覚えていないが、体操の時間が終わりその日のスタンプを押してもらったあと、久しぶりに会った友だちとふざけて追いかけ合いになった。何かの拍子に一メートル以上ある塀に登ったが、すぐにそこから落ちてしまい右のおでこを強く打った。痛みというよりは落ちたショックですぐには動けず、しばらくその場で横になっていると、そのことに気がついた大人たちがいつのまにか集まってきた……。

それからの記憶は曖昧《あいまい》なのだが、横になった砂利の白さと地面に落ちた鈍い感触だけが、頭のなかでかすかに残っている。

そうした些細な記憶は、普段まったく思い出すことはないが、ふとした瞬間に（時々はたまに見る夢として）戻ってくることがある。近くの公園で野球をしたとき、球が飛んでこなければいいなと不安に思いながら守っていたときのことや、犬に追いかけられたあげくに尻をかまれ、泣いている顔を従姉に覗き込まれたことなど。その多くはいまとなってはあまり重要ではなく、現実的には行き場のない光景ばかりだが、それを思い出したしばらくのあいだは、そのときと同じ不安や痛みで胸がいっぱいになる。

今村夏子の小説は、そのような人生の本流からは切り離された記憶を、読むものに強く呼び起こす。その描写には奇妙なリアリティがあり、読むものはその物語があたかも自分のまわりで起こった出来事かのように思えて、一瞬にして作中の世界へと連れ込まれてしまう。

「あひる」

あひるを飼い始めてから子供がうちによく遊びにくるようになった。あひるの名前はのりたまといって、前に飼っていた人が付けたので、名前の由来をわたしは知らない。

奇妙なというのは、ヘンなといってもよいくらいで、よく考えてみればあひるを飼うことで、家に子どもが次々と遊びにくるようになったことも唐突な気がするし、「のりたま」という名前からして通常の感覚からは少しずれた感じもする。しかし度々起こるどこか奇妙な出来事は、それが素朴に語られるうちにかえって現実感を増し、普通に思えてくるようになる。その不思議な説得力に、今村の作品が持つ底知れぬ怖さと魅力がある。

今村夏子は寡作《かさく》なことで有名な作家でもあるが、その作品の多くでは家族が子どもから見た視点で描かれる。それはステレオタイプな家族の像とは異なり、淋しさが空気のように漂っている、ほの暗い感じのする家ばかりだ。その淋しさは孤独や老いなど人生のある一面と不可分にあり、その感情が登場人物を、ときに極端で滑稽《こっけい》ともいえる奇妙な行動に走らせるのである。

もちろん小説のなかに、今村の実体験がどれだけ含まれているかはわからない（それは小説を読むことにおいては、それほど重要な話ではない）。しかし作家が自身の真実と思える〈核〉を差し出すことにより、違う記憶を持つ読者でも、それぞれが過去の自分と出会える開かれた場所が、小説のなかには生まれてくるのだ。

子どものころの記憶は、その人の奥底にしっかりとうずめられ、肉体が消えてなくなる日まで消えることはない。それがいくら意味をなさないように見えるものでも、その記憶はいつでも小さな声で何か語りかけており、その人の存在自体を揺さぶり続ける。

＊『あひる』今村夏子（書肆侃侃房）

2

レーン・クーテルは、吹きさらしのプラットホームに出ていた六、七人の中の一人だった。いや、一人であって、一人でなかった、と言うべきか。ほかの連中の話の輪には加わらず、ボタンどめのウールの裏地をつけているとおぼしいバーバリのレーンコートを着て、彼らからは意識的に離れ、クリスチャン・サイエンスの宣伝パンフレットをのせた台に背をもたせながら、レーンコートのポケットに両手を突っ込んだまま、十分、あるいはそれ以上も立ちつくしていたのだから。

『フラニーとゾーイー』

J・D・サリンジャー

バーバリーのレインコートに身を包むことが、一九五〇年代のアメリカにおける、大学生の一般的なファッションであったかどうかはわからない（たぶん、違う）。しかし冒頭のシーンに置かれたこの冗長な文章は（いまなら「悪文」と言われそうだ）、アメリカに住むスノッブな若者の、すらりとした立ち姿を効果的に想像させる。

意図して使われたであろう一つ一つの固有名詞は、特にくわしい説明がなされることもなく、海のむこうにあるライフスタイルをそのまま運んでくる。読むものは、そのことばが使われた背景を充分には知らなくとも、一瞬にして物語の舞台に連れこまれてしまうのだ。

最初にサリンジャーを読んだのは十八のころ。大阪の梅田にある紀伊國屋書店で、何か電車のなかで読むものを探していたときのことだ。青と緑の鮮やかな水玉模様のカバーに目を引かれ、新潮文庫の『ナイン・ストーリーズ』を手に取った。翻訳は野崎孝さん。それまで外国文学や海外の映画にはほとんど触れたことがなかったので、その小説に用いられていたことばは、地名から髭剃《ひげそ》りまでどれも聞きおぼえがなく、なんというかとても衝撃を受けた（「バナナフィッシュ」ってなんだ、とか）。

それからというもの当時手に入ったサリンジャーの作品はすべて読み、同じく新潮文庫が出していた外国文学の名作を、目についたものから読んでいった。そのとき読んだ外国文学には、どれも小説が放つ「香気」があり、それを嗅いでいるあいだ目のまえの現実は一瞬にして遠ざかった。

それはいま思えば、一時の熱狂的な「はしか」のようなものだったが、その「はしか」は小説に対する態度を、全く別のものへと変えてしまった。小説でまず優先されるべきはそのスタイルであり、完成された小説のスタイルは、ときに世界の見方すら変えてしまうことを知った。

『フラニーとゾーイー』に関しても、サリンジャーのスタイルは一貫しているように思えたが、最初読んだときにはいまいちピンとこないところもあった。連作のこの作品は「フラニー」「ゾーイー」と、それぞれが独立した短篇にもなっているが、「フラニー」のテンポのよさに比べ「ゾーイー」は家のなかから場面が動かず、展開が随分と緩慢に思えたのだ。

しかしいま読み返してみると、「ゾーイー」に見られるドア越し、ときに電話を通じて行われる会話の応酬は、その「動かないこと」が効果的な装置となっていることに気がつく（実際、舞台にしてみると面白そうな作品だ）。場面が動かないということは、ことばで相手を説得するよりほかはなく、その技巧や真心が試されるのである。

身体に異変をきたすほど、エゴイズムや信仰の問題に深く入り込んでしまっている妹のフラニーに対し、兄のゾーイーはひたすら語りかける。その過剰なまでのことばは、心身ともに疲れきっていたフラニーを最初煩《わずら》わせるが、会話が途切れた合間にのぞくゾーイーの素朴な沈黙には、同じ血が流れている兄妹間の真心が存在する。それはそれまでのサリンジャーの作品には見られなかった、人間に対する〈赦《ゆる》し〉の感覚であり、その愛情こそがこの物語を底から動かしているように思えた。

『フラニーとゾーイー』は、現在村上春樹が訳した『フラニーとズーイ』として読むことができる（よい翻訳だ）。しかし一度心に染みついたものは変えることが難しく、いまでもわたしのなかでは、「ゾーイー」は「ゾーイー」のままである。

＊『フラニーとゾーイー』Ｊ・Ｄ・サリンジャー
野崎孝／訳（新潮文庫） 品切れ
＊『ナイン・ストーリーズ』Ｊ・Ｄ・サリンジャー
野崎孝／訳（新潮文庫）

まだこんなに暖かくて美しいこの生命も、グーロフの生命と同じように、まもなく色《いろ》褪《あ》せ萎《しぼ》み始めるのだろう。グーロフはそんな女の生命に憐《あわ》れを催した。

なぜこの女は彼をこれほど愛しているのだろう。

「犬を連れた奥さん」

『かわいい女・犬を連れた奥さん』　チェーホフ

ロシア文学といえば、人間の存在自体を問うような、重厚かつ長大なイメージがある。ドストエフスキー、トルストイ、ゴーゴリ、ソルジェニーツィンなど、作家の名前を列挙するだけでも世界文学の一大山脈を築いており、手に取るには強い決意が必要になりそうだ。

それに比べるとチェーホフは、いかめしい男たちのなかにあって、「間違って紛れ込んでしまった優男《やさおとこ》」といった佇まいがある。男女のラブ・アフェアのなかから、人生のほろ苦さをかみしめるチェーホフは、ごりごりのロシア文学の愛好家からは、軟弱とも、軽いものとも思われてきたかもしれない。

代表的な短篇であるこの「犬を連れた奥さん」も、既婚の中年男性と若い人妻の女性が、当時ロシアの保養地であったヤルタで出会い、次第に本物の愛に目覚めていくという物語である。この中年の男グーロフは、なぜだか女性によくモテた。しかし知り合った女性たちとの関係にうつつを抜かしているあいだにも、年月はいつのまにか過ぎ去ってしまい、「自分は結局誰のことも、一人として愛さなかったのではないか」と、疑いを持ちはじめる。

グーロフは自分の人生に後悔はないだろうが、百パーセント後悔がないかといえば、そこには迷いがあるだろう。その逡巡《しゅんじゅん》はとても人間らしく、一回限りの人生が見せるせつなさや、それゆえの美しさが表れているようだ。迷いながらも簡単には結論を出さないつつしみ深さに、チェーホフが持つ人間としての美質を感じる。

〈時間〉はチェーホフ作品の、隠れた主人公である。登場する人物は、誰もが老いに対するそこはかとない怖れを抱えながら生きており、時間は若く美しかった男女に、憂愁を帯びた影を落としていく。舞台の上にはまだスポットライトが当たっているが、流れる時間のなかでは誰であっても、その明るい場所から降りるときがくる。そうした一抹の淋しさが、チェーホフの作品には通底している。

そのような世界観においては、人間も自然のなかにある一つの点景として存在する。物語は一人一人のもつ情念やしがらみからは遠ざかり、ロシアの大地のなかに吸い込まれるように消えていく……。

チェーホフの多くの短篇は、場面と小道具を替えてみれば、そのまま現代の日本の話だと言っても差し支えなさそうだ。それはチェーホフが人間の普遍性をよく見ていたという証拠であり、「どのようなささやかな人生にも、語るに足る物語がある」といった、現代のドラマや小説にも通じるテーマを先取りしていたからかもしれない。

俗物であれ進取の気性に富む人物であれ、チェーホフの作品内ではひとしくスポットが向けられる。そう考えれば、ドストエフスキー作品の登場人物になりたいとは思わないが、チェーホフ作品の登場人物にはなってみたい。

＊『かわいい女・犬を連れた奥さん』チェーホフ
小笠原豊樹／訳（新潮文庫）

しかし、道は、長かった。彼の歩いている道は、村の本道なのだが、城山には通じていなかった。ただ近づいていくだけで、近づいたかとおもうと、まるでわざとのように、まがってしまうのだった。そして、城から遠ざかるわけではなかったが、それ以上近づきもしないのだ。

『城』 カフカ

『城』を読んでみましたが、ひどい小説ですね。」
nakabanさんから届いたメールにはそのように書かれていた。もちろんひどいとは小説に問題があるということではなく、「読み終わってこんなに徒労感が残る小説はない。これではあまりにもひどいではないか」という憤慨である（と思う）。つまりそこには、『城』の主人公である測量師Kのように、〈カフカ的迷宮〉にはまってしまった人の反応としては順当な怒りがある。「ひどい小説」とは言い得て妙だと、nakabanさんには悪いが笑ってしまった。

『城』はフランツ・カフカの遺稿として知られる作品である。山の上にある「城」から依頼を受けその麓《ふもと》にある「村」に到着したKは、なにか手違いがあったのかいつまでたっても城に入ることを許されず、その村に住む人間たちからは延々と堂々巡りをさせられる。カフカはKが「城」に近づけないさまを、まるで喜んでいるかのように執拗に描く。読んでいるあいだは見えない手により小突き回され、不当に笑われている、といった感覚に見舞われながらも、物語はある女との諍《いさか》いを最後にして、唐突に終わってしまう……。これがひどい小説でなければ、いったいなんだというのか。

状況がひどければひどいほどこの作家の筆は冴えるようで、カフカの文学には安易な赦《ゆる》しは存在しない。現実は徹底的にデフォルメされ、主人公は考えうる限りの苦汁をなめ続ける。

しかしそうした救いのなさに打ちひしがれるのも、また文学が与えてくれる体験のひとつである。カフカの文学的な誠実さは、それを読むものに世界との忘れられない出合いを残していく。たとえそれが土を食べたような後味の悪いものであったとしても、深く刻まれた体験しか、そのあとの人生に役に立つものはないのだ。

この〈カフカ的迷宮〉は、わたしたちが現代社会を生きるなかで、時として出くわす瞬間ととてもよく似ている。

先日携帯ショップで、専門用語が続く単調な説明を長々と聞かされた。ようやく説明が終わったあと「それで、結局その機種はいつ届くのですか」とその女性に尋ねると、「その質問にはお答えできません。それはわたしたちにもわからないことなのです」とまったく予想しなかった答えが返ってきた。そう聞かされると「それ以上の会話は受け付けませんよ」と暗に告げられたようで、二の句を継ぐことができなかった。カフカが『城』で予言した世界は静かに、そして着実に広がりを見せているのかもしれない。

＊『城』カフカ
前田敬作／訳（新潮文庫）

「殆《ほと》んど誰とも友だちになんかなれない。」
それが僕の一九七〇年代におけるライフ・スタイルであった。ドストエフスキーが予言し、僕が固めた。

1973

『1973年のピンボール』

村上春樹

大学入学のため上京した年の春、まわりの風景は一変した。目にするものすべてはかがやいて見え、東京の街はどこに行っても、「新しい世界が、これから広がっていくんだ」といった、楽天的な予感でみちているように思われた。

しかしそうしたうわついた明るさも一カ月二カ月が経つと、次第に日常のものとなっていく。屈託がなく優秀なクラスメイトに気後れしているうちに、その集まりからは次第に距離をおくようになり、大学の授業にも出なくなってしまった。

その年の冬、高田馬場の芳林堂書店で、村上春樹の『風の歌を聴け』を手に取った。当時読んでいたアメリカ文学と似た世界を感じたのか、カバーに描かれた佐々木マキのイラストに惹かれたのかは、もう覚えていない（たぶん、両方だ）。しかし、深く人と関わろうとしない主人公の「僕」は、そのときの自分を代弁してくれるはじめての存在であった。

「自分の求めているものは、ここにあるではないか」。軽妙なセリフ、引用されたポップカルチャー、聞いたこともない斬新な比喩……。退屈な世界はことば一つで、クールで気の利いた場所へと変わっていく。村上春樹の発見は、その冬に起こった最大の出来事であり、その安全なシェルターのようなことばを読んでいるあいだは、とても安心できた。

もちろんそうした親密な時間は、いつかは過ぎ去る。大学を卒業し書店に勤めるようになり、心に深くつきささっていた孤独や焦燥感を感じない日のほうが増えてくると、村上春樹は「生きるため、切実にその文章を必要とする作家」ではなくなった。いまでも本を開くと、当時と同じように心をなぐさめられるが、かつてそこにあった熱のようなものは、すでに失われている。そのことは少しかなしくはあるが、人生の時間がもたらしてくれる喜ばしい落ち着きのようにも思える。

僕は鼠と知りあうまで、いつも一人でジェイズ・バーに通いつづけた。僕はちびちびとビールを飲み、煙草を吸い、ジュークボックスに小銭を入れてレコードを聴いた。その頃のジェイズ・バーは大抵すいていて、僕とジェイはカウンターごしにいろんな話をした。

『羊をめぐる冒険』

ジェイズ・バーは、『風の歌を聴け』『1973年のピンボール』『羊をめぐる冒険』の主人公である「僕」と「鼠」の、心の拠りどころの場所だった。二人はジェイズ・バーでビールを飲んでは軽口を叩きあい、街を離れたあとも自分に転機がおとずれた際には、必ずそこに立ち寄った。

よく知られているように、村上春樹は作家になるまえ、大学在学中からジャズ喫茶を経営していた。会社勤めはせず、ずっと「個」として生きてきたその作品には、大きなシステムには所属しない個人としての倫理観が存在する。

村上作品の主人公は気ままに生きているようでいて、友人や日々の生活など自分の愛するものからなる世界が、簡単に壊されやすいものであることも知っている。「いちいち行動を見張られたくもないし、名前も知らない人間に小突きまわされたくはない」という「僕」の台詞は、この現代社会においてシステムに押しつぶされそうな個人の感情を、そのまま言い表しているようでもある。

いつの時代でも社会には、「個」が「個」として生きられる、ジェイズ・バーのような場所が必要だ。村上春樹がきめた覚悟は、いま小さな本屋を経営する立場となってはじめて、おぼろげながらもわかるようになってきた。

＊『1973年のピンボール』村上春樹（講談社文庫）
＊『風の歌を聴け』村上春樹（講談社文庫）
＊『羊をめぐる冒険（上）・（下）』村上春樹（講談社文庫）

僕ですか？
これはまことに自惚《うぬぼ》れるようですが
びんぼうなのであります

『山《やま》之《の》口《くち》貘《ばく》詩集』

山之口貘

数年前に買った『山之口貘全集』の第一巻を久しぶりに開いてみると、本の扉に一枚の写真を見つけた。煙草にライターで火をつけようとする瞬間の山之口貘は、生真面目な顔にネクタイをしっかりと結び、大学教授のごとき風貌をしている。写真の厳しそうな表情からは、詩のなかに見られるような茫洋《ぼうよう》としたユーモアは窺《うかが》えない。この紳士が「求婚の広告」の詩を書き、ある著名な医学博士からは「ぱあではないのか」とまで言われた山之口貘だとは、にわかに信じ難かった。

　しかしその写真にも見慣れてくると、この生真面目で頑固そうな人物こそが、ほんとうの山之口貘なのだという気になってくる。山之口はたった一篇の詩をつくるのに、「一〇〇枚二〇〇枚三〇〇枚だのと原稿紙を屑《くず》にして」積み重ねたというが、生活から生まれたどこか呑気そうに見える詩も、ことばを絞り出すようにして何度も推敲《すいこう》を重ねたのだろう。自らの実感を磨きあげたはてに残った強いことばだけを使うことで、素朴でありながらどこかに引っ掛かりを残す、独特の詩は生まれた。

沖縄出身の山之口は、日本や中国、アメリカといった国々に振りまわされ続けた「沖縄」を、数多く詩に残した。しかしそれらの詩には、故郷《こきょう》の島への共感をそのまま口にすることへのためらいが、常に含まれていたように思う。

ウチナーグチマディン　ムル（沖縄方言までも　すべて）
イクサニ　サッタルバスイ（戦争で　やられたのか）と言うと
島の人は苦笑したのだが
沖縄語は上手ですねと来たのだ

「弾を浴びた島」

山之口には、「自分はもう、島から出てしまった人間だ」という引け目があったのかもしれない。山之口はどの作品においても正論のみを言い立てることはせず、どこか物事をあいまいにするような笑いで自らの詩を締めくくった。権威になってしまうことを周到に避け、自らを笑いものにしようとする照れが、そこにはあったように思う。

「人を笑うくらいなら、自分が人から笑われたほうがいい」。山之口貘がそう考えたかどうかはわからないが、山之口は人を笑う側に立たないために、あえて「貧乏という地べた」にいることを選んだ気がしてならない。ためらいがちに放たれる自虐的な笑いのなかには、権力に与《くみ》しない毅然とした精神が、背筋を伸ばして存在していた。

このような詩を前にすると、自分がどうも人を笑う側に立っているような気がして、落ち着かなくなる。他人を笑うものは、笑っている自らの滑稽さには気がつかない。山之口貘の詩は、そうした読むものへとはねかえってくる批評的な視線を常にはらんでいる。親しみやすいが油断できない、まったく「かなわない」詩人である。

＊『山之口貘詩集』高良勉／編（岩波文庫）
＊『山之口貘全集　第一巻　全詩集』山之口貘（思潮社）

自分の白い胸が肋骨《ろっこつ》の下でますます深く息を吸いこむのを感じ、見まもりさえして、体内に黒い臭気を――黒人の暗くて不可解な思想や存在を吸いこもうと努め、同時に吐く息ごとに体内から白い血や白い思想や白い存在を追い出そうとしていた。

『八月の光』フォークナー

アメリカの文学や音楽がとにかく好きで、大学生のころはずっと、「ケルアックのように、アメリカ大陸を旅してみたい」と思っていた。念願がかない、メキシコシティからニューヨークまでゆっくりと北上した旅の途中、北部の大都市とは違う「アメリカ」を見たいと思い、ニューオリンズやメンフィスの町を巡った。そのころからジャズやブルースといった黒人の音楽をよく聞いていたが、入ってみたライブハウスにはもうサッチモもロバート・ジョンソンもいなくて（あたりまえだ）、ニューオリンズのストリートミュージシャンは、観光客相手の楽天的なマーチを延々と吹いているだけであった。

メンフィスに滞在中、日帰りでオックスフォードまで行ってみようと思いたった。ウィリアム・フォークナーの主な作品は、フォークナー自身が創造した架空の町「ジェファスン」を舞台としたものが多く（「ヨクナパトーファサーガ」と呼ばれる）、オックスフォードはそのジェファスンのモデルとなった町である。フォークナーが生前に住んでいた家も記念館となっており、その場所もこの目で見たいと思っていた。

フォークナーの小説には、アメリカ南部の閉鎖的で偏見に満ちた社会のなか、自らの生の衝動を抑えられずに、破滅的な結末を迎える人物が多く登場する。不器用に見える筆づかいでごりごりと押してくるその小説は、文学的なことばを持たない名もなきものたちの声をよく伝え、叫びや狂おしさが行間から響いてくる骨太なものだ。読むには時間がかかるし読後にどっと疲れがくるが、「これぞ文学だ」という感動に、じわじわと身体が満たされてくる。『八月の光』の主人公の一人、ジョー・クリスマスは、白い肌のなかに黒い血が流れているという噂がささやかれ、自分が何者かわからないという疑念を抱いていた。人種により住む世界がきっちりと分けられていた当時のアメリカ南部で、それがいかに悲劇的なことであったかは想像するに余りある。フォークナーの登場人物たちは、自らの存在の根幹を揺るがすような状況に追い詰められ、自問自答を繰り返すが、その迫りくる筆致は読むものに向けても、「お前は何者だ」とこだまのように問いかけてくる。フォークナーの文学がアメリカ南部というローカルな地域を超え、世界に通用する文学にまで到達しえたのは、不器用に見えても直接人の心に訴えかける声《ヴォイス》を持っていたからだろう。

旅の話の続き。メンフィスからオックスフォードまでは、長距離バスのグレイハウンドで二時間かかったと記憶している。記念館自体は、部屋のなかに作家の愛用した筆記具や調度品、遺された原稿などが展示されている日本でも見かけるような作りになっており、窓からはよく手入れされた芝生が見えた。

日差しが強い日で、家と家の間隔が広いオックスフォードの町は、やけにがらんとして見えた。フォークナーの作品にあるような煮えたぎる情念は、目のまえの清潔な町からは感じられず、その手掛かりとなりそうなものも、一つとして見つけることができなかった。すこし拍子抜けしたが、見るものを見てしまうとその明るい町では落ち着かず、足早にオックスフォードを立ち去ってしまった。

＊『八月の光』フォークナー
加島祥造／訳（新潮文庫）

テレザとトマーシュは重さの印の下で死んだ。彼女は軽さの印の下で死にたいのである。彼女は空気より軽くなる。これはパルメニデースによれば、否定的なものから肯定的なものへの変化である。

『存在の耐えられない軽さ』

ミラン・クンデラ

まるで弦楽四重奏の演奏が終わり、その余韻が室内を次第に満たしていくような読後感であった。ミラン・クンデラという極めて優秀な指揮者により操られ、美しく奏でられたこの小説は、情と理が高い次元で混じり合う音楽的な顔をしている。小説の登場人物たちは、あるときは作者の哲学的考察を代弁し、またあるときは人間の持つ情念のままに、クンデラの書いた譜面を生きている。すべてはシステマティックに動いているように見えながら、それぞれの人物がアンサンブルの一部となり、世界の複雑さ・多様さを表現するさまは、「エレガント！」の一言に尽きる。

『存在の耐えられない軽さ』は、チェコスロヴァキア出身の作家ミラン・クンデラが、亡命先のパリで発表した自身の代表作とも言える作品である。女たらしの外科医トマーシュと、「偶然の秘密に満ちた邂逅」により彼と出会った田舎娘のテレザ。二人の愛の生活に、トマーシュの複雑な愛人関係が絡むストーリーは、時代の政治情勢（ソヴィエト軍を中心としたワルシャワ条約機構軍によるチェコスロヴァキアの占領と、その後の傀儡《かいらい》政権による「正常化」の時代）により、激しく翻弄されていく……。

この、何とも魅惑的な作品タイトルにも使われた、「軽さ」「重さ」といったメタファーは、小説の全編を通して表れるテーマともなっている。トマーシュの愛人の一人であったサビナは、亡命後捨てた過去の「重さ」から逃れるようにして、スイスからパリ、アメリカへと移動を続ける。「軽さ」をどこまでも追い求めたサビナは、「重さの印の下で死んだ」トマーシュとテレザとはネガとポジのような存在だが、現代人がひそかに抱いている、自らの実存に対する不安や恐れを、体現しているかのようでもある。

ロシアの軍隊がトマーシュの祖国になだれ込んできてからの五年間というもの、プラハは大きく変わった。トマーシュはかつてと違う人たちと通りで出会った。彼の知り合いの半分は亡命し、残った半分のうちの半分は死んだ。

一九六八年、ソヴィエト軍とチェコスロヴァキアの市民が、プラハで衝突した瞬間を撮った、ジョセフ・クーデルカという写真家がいる。クーデルカもまた、自身が撮った写真が発

端となり亡命生活を強いられるが、その亡命者の視点から「エグザイルズ」という作品を発表した。肌理が粗く、重たいモノクロームの写真には、祖国から捨てられ、アイデンティティが浮遊してしまった、人間の哀しみが写っている。

個人の意志を超えた力により、生まれ故郷を離れざるを得なかった人の陰影は、クンデラの場合感情ではなく思索に訴えかける形で表れる。クンデラはフランスに亡命したあと、そこにとどまり小説を発表したが、小説の主人公であるトマーシュは、自らの意志で亡命先のスイスからプラハへと帰国した（帰国したら最後、もう二度と国外へは出られないと承知の上で）。「私の小説の人物は、実現しなかった自分自身の可能性である」とクンデラは書いている。人生の唯一性に抗《あらが》い、叶えられなかった他の可能性を生きてみること。その思索の意味を確かめるように、クンデラは「Muss es sein?（そうでなければならないのか？）」とつぶやきながら、祖国に残った半分の人たちを書いたのではないか。内に贖罪《しょくざい》を秘めながら引き裂かれたクンデラの意識は、たえず見果てぬ世界を追い求めている。

＊『存在の耐えられない軽さ』ミラン・クンデラ
千野栄一／訳（集英社文庫）

眼が色彩を必要とするのは、それが光を必要とするのと同じである。曇った日に太陽が景色の一部をところどころ照らし、そこの色彩を目に見えるようにしてくれるときのさわやかな気分を思い出されるがよい。

das Tr

『色彩論』 ゲーテ

数年前、仙台にある古本とカフェの店「book cafe 火星の庭」で、nakaban さんとトークイベントを行った。トーク中、以前より気になっていた nakaban さんの「青」へのこだわりについて尋ねたところ、「すべての色には青が溶け込んでいますから」と、はっきりとした答えが返ってきた。

目のまえにある茶色の机、歩道のアスファルト、新緑のけやき並木……。nakaban さんによれば周りに存在するどんなものにも、多かれ少なかれ「青」が溶け込んでいるという。画家のヴィジョンに沿って世界を眺めると、目のまえの空間が青の濃淡でできたモノの連なりに見えてくる。レイモンド・カーヴァーの短編小説「大聖堂《カセドラル》」には、主人公が盲人の手ほどきを受け、自らも「見えない」感覚を追体験するという印象的なシーンがあるが、nakaban さんの一言にも、世界を新たに発見させる驚きと感動があった。

一般に詩人として知られるゲーテには、植物学や地質学を研究する自然科学者としての顔

切手を
お貼り
ください

郵便はがき

142-0064

東京都品川区旗の台
4-6-27

株式会社 ナナロク社
『ことばの生まれる景色』
読者カード係 行

フリガナ ご氏名	性別　男・女 年齢　　歳
フリガナ	
ご住所　〒 TEL　（　　）	
本を手にとってくださったあなたはどのような方ですか。 例）映画好きの会社員で主婦です。 （　　）	
お買い上げの書店名　　所在地	

★お答えいただいたデータは、出版物資料目的以外では使用いたしません。

★ご愛読ありがとうございます★
今後の参考と出版の励みとさせていただきます。
以下の項目についてお答えいただければ幸いです。

■ 本書へのご意見・ご感想をお聞かせください。

■ 本書に紹介された中で、読んでみたくなった本があれば
お教えください。（何冊でもお選びください）

■ 辻山良雄さん、nakabanさんにメッセージをお願いします。

※ お寄せいただいたご感想はお名前を伏せて本のPRなどで使わせていただくことがございます。

があった。森羅万象のすべてを理解したいというゲーテの欲求は、「色彩」という科学的でありながらも詩心を誘う分野において、幸福な結びつきを得たのだろう。

　ゲーテは光の最も近くにある色を黄、闇に最も近い色を青として、すべての色彩をその光と闇のあいだにあるものとして捉えた。『色彩論』は、光が人間の眼のなかで色に収まる現象を解き明かし、その色が人間に及ぼす心情的な作用までを考察した、〈全体的〉とも言える書物であった。

「青」は自分にとっても特別な色である。子どものころから自分のお金で買うものは、そのほとんどが青い色をしていたし、視線のどこかに青が見えると、その色はお守りのように安心感を与えてくれた。だから自分の店を作ることになり、そのロゴや看板をnakabanさんに依頼しようと思ったとき、テーマにする色は青以外考えられなかった。

　ゲーテは『色彩論』のなかで、単純な原色の組み合わせを「現実的満足に最も近いところにある」としながらも、「貧相」であると喝破《かっぱ》した。確かに原色はわかりやすく合理的ではあるが、何かの心情を託すにはどこか子どもっぽい色でもある。複雑な人間の心情に訴えるのは、それが混ぜ合わされたものであれ、並列に置かれたものであれ、色彩の割り切れない組み合わせに秘密があるのだろう。

Titleのロゴはサックスブルーという青を使用しているが、明るいなかにも落ち着きを感じさせるグレーを含み、本を扱う場所には合っていると思った。一色からは生まれないその青が、それぞれ違う本が隣り合わせに並んでいる〈本屋〉という場所を指し示しているようで、今でもそのロゴを見るとしみじみとした嬉しさを感じる。

色の話でもう一つ。先日、熊本にある橙《だいだい》書店の店主・田尻久子さんと話したときに、店名の由来の話になった。田尻さんはもともと「orange」という喫茶と雑貨の店を営んでおり、その後「橙書店」を隣に開いたので、当然暖色系の色が好きなのかと思っていた。しかしそのように尋ねたところ、好きな色は「青」で（これは実際にお会いしてすぐに納得した。同じ色を好む人同士は何か通じるところがある）、必要に迫られ店名をいますぐつけなければならなくなったとき、たまたまそこにあったオレンジ色に塗られた扉が目に入ったのだという。「特に意味はないです」と田尻さんは笑っていたが、店名に使われた「橙」が店を表す色となり、店主の考えとは別に店のイメージを作り上げていくことが面白い。

田尻さんは独立独歩の人で、他の店のことは特に気にならないように見え、そこが魅力の一つでもある。しかしTitleが青を使っていることだけは、少しうらやましく思っているのではないかと、ひそかに想像している。

＊『色彩論』ゲーテ　木村直司／訳（ちくま学芸文庫）

もうおれは死んだと小十郎は思った。そしてちらちらちらちら青い星のような光がそこらいちめんに見えた。

「これが死んだしるしだ。死ぬとき見る火だ。熊ども、ゆるせよ。」と小十郎は思った。それからあとの小十郎の心持はもう私にはわからない。

「なめとこ山の熊」
『注文の多い料理店』　宮沢賢治

小学生のころ「N先生のクラスでは国語の時間ずっと、宮沢賢治のことを教えられるらしいで」という噂があった。N先生は父母のあいだでは、「いい人なんだけど、少し変わったところのある先生」と言われていた。学校行事で国旗掲揚があるときなど、不愉快そうな顔をしながら一人だけ頑として座っていたことを覚えている。だから、その噂を聞いたときも「そんなことがあるんかな……。まあ、N先生やしな」というくらいにしか思わなかった。

　しかしそれから月日が経ち、当時教わっていた予備校の先生が「賢治は僕の一生の師です」と思い入れを込めて話すのを聞いたときに、ずっと忘れていたN先生のことを急に思い出した。病身でカリスマ的であり、その信者からは熱っぽく「賢治」と名前で語られる詩人……。その人にのめり込み神格化する人が増えるほど、どこか一歩引いてしまう自分がいた。不幸なことに読むまえから、わたしにとって宮沢賢治とは、近づきにくく警戒心を起こさせる存在になってしまったのだ。

そのようなことがあってからも、たまには宮沢賢治の詩集や童話集を手にしたが、深く心を動かされるまでには至らなかった。それがあるときこの一節と出合い、変わった。

それから、そうそう、苔《こけ》の野原の夕陽の中で、わたくしはこのはなしをすきとおった秋の風から聞いたのです。

「鹿《しし》踊りのはじまり」

岩手県北上《きたかみ》地方で現在も行われている「鹿踊り」の起こりは、秋の風が教えてくれたのだという。当然のような顔で最後に置かれた一文には、人間も動物も、そして風さえもがこの世界では、等しく生けるものなのだという思想が、簡潔に表現されている。それまでに感じていた宮沢賢治へのわだかまりが、この一文を読んだ瞬間にすべてどこかに消えてしまい、「凄い人だなあ」という掛け値なしの感嘆が、心の底からわいてきた。宮沢賢治はそれぞれの実感に応じて違う顔を見せてくれる、懐が深い作家であったのだ。

「なめとこ山の熊」は、そんな宮沢賢治の宇宙観が凝縮された、スケールの大きな物語である。熊捕り名人の小十郎と、彼に撃ち取られる熊との関係は、表面的な撃つ／撃たれるを超えた、分かちがたいものだった。自然の摂理に生きるもの同士である彼等にとって、互いのことは言葉を交わさなくてもわかっているも同然である。実際に小十郎は森のなかを、「まるで自分の座敷の中を歩いているという風」にのし歩き、「熊のことばだってわかるような」気がしていた。

その宇宙のなかで唯一疎外されているのが、荒物屋の主人に代表される、商品経済に毒された人間たちである。小十郎は荒物屋の主人には頭が上がらなかったが、その主人は自然からは切り離されて生きており、宮沢賢治が多くの詩や童話に書き遺したはんとうの生きかたは、明らかにそこにはない。

小十郎がある日逃がしてやった熊は、その後約束通り、小十郎の家の前まで〈死ぬために〉やって来た。そのことがあったのちは、小十郎も自らの死が来るのを密かにずっと待っていたように思う。熊たちが小十郎を送る最後の情景は、なつかしい世界へと帰っていく、友を見送る儀式のように見える。

＊『注文の多い料理店』宮沢賢治（新潮文庫）

「おっかあ、雪が降ってきたよう」

おりんは静かに手を出して辰平の方に振った。

それは帰れ帰れと云っているようである。

『樽《なら》山《やま》節《ぶし》考《こう》』

深沢七郎

はじめて「深沢七郎」という名前を知ったのは、深沢をモデルにした小説『桃仙人』を読んだときのことだ。嵐山光三郎が書いたこの小説はいま読んでも傑作だと思うのだが、そのなかで「オヤカタ」と呼ばれている深沢は、少しでも自分の気に障《さわ》った人やモノを、次々と斬り捨てていく。

「あいつは、自分の銅像たてたらしいやね」

オヤカタがぽつんと言い、ぼくは、

「あっ」

と声を出しそうになった。体温がさーっと冷えていった。

『桃仙人』

「少しでも驕《おご》りが見えた人」「いばって花を咲かせている木」「電話を無断で使用する客」など、先ほどまで深沢に気に入られて周りにいたものたちが、次の瞬間いとも簡単に斬り捨てられる光景には、慄然《りつぜん》とするものがあった。しかも深沢の怒りは激昂《げっこう》するという訳ではなく、目が「チクッと」変わったかと思えば、あっさりと出入り禁止になるといった具合なので、当の本人はなぜ自分が斬り捨てられたのかさえわからない。

『桃仙人』は、一読すれば深沢の奇人ぶりばかりが目立つが、不思議と記憶に残り、いつの間にかその魅力にとりつかれてしまう小説でもある。相手の懐に手を入れ、その本質を一言二言ぽつんとつぶやく深沢は、どこか武道の達人のようだ。その人となりにはたとえ斬り捨てられたとしても許すしかない、鵺《ぬえ》のような魅力があったのだろう。

『楢山節考』は棄老《きろう》伝説をモチーフとして書かれた小説である。貧しい村の掟《おきて》で七十になった人間は、「口減らし」のため神が棲《す》むという楢山に棄てられる。老母であるおりんは、息子・辰平のやさしさを知りながら、自ら進んで楢山に棄てられようとする……。

『楢山節考』は、一九五六年の中央公論新人賞を受賞し、深沢七郎のデビュー作となった作品だ。それまで書かれた文学作品のどの流れにも属するようには見えず、深沢の前にも後にも、『楢山節考』のような小説を書く作家は現れていないように思う。

雪の楢山でおりんが一人残される場面は、残酷でありながらやさしくもあり、静謐《せいひつ》な美しささえ感じてしまう。何度読んでも圧倒的なこの話を前にして、いったい何が言えるというのか。「残酷で野蛮な物語」と切り捨て、「無償の美しい愛」などと簡単に美化することを、『楢山節考』は静かに拒否する。そのあまりにも人間臭い生きかたの前で、読むものは黙って口をつぐむしかない。

現代の常識からすれば、「自分の母親を山に棄てるなんて、いまではもう起こりえないことだ」と思うかもしれない。しかし現代という時代を抜きにして考えてみると、自分という人間のなかにも、おりんや辰平が依然として根深く生きていることが感じられる。恐らく深沢は時代や職業といった表の顔には興味がなく、人間が持つ業《ごう》のようなものをひたすら見つめていたのだろう。だから高度経済成長が始まろうとしている時代に、前近代的とも言える『楢山節考』を平然と書いたのだ。

深沢七郎は多くの対談で、無双の強さを誇ったという。知識や見せかけで飾った自意識の浅はかさを気づかせながら、相手にぎゃふんと言わせることが常だったというが、『楢山節考』とは、そのように気高くしたたかな人間でなければ書けなかった小説である。「オレの小説は糞みたいなものだから読むじゃねえよ」。薄い笑みを浮かべた、深沢の高笑いが聞こえてきそうだ。

＊『楢山節考／東北の神武たち』深沢七郎（中公文庫）
＊『桃仙人』嵐山光三郎（中公文庫）

わたしは、その気質から、また芸術上の理由のために、孤独を好む傾向があります。しかし、このことは空虚なプライドによるものではありませんし、わたしと信念を共にする人たちとの結束を損ねるものでもけっしてありません。

『ジョルジョ・モランディの手紙』

ジョルジョ・モランディ

本に親しむほど「いつかは手に入れたい本」は出てくる。ジョルジョ・モランディのアトリエをルイジ・ギッリが撮った『Atelier Morandi』は、その現物を見たことはないが、自分の本棚に並べる日を心待ちにしている写真集だ。ルイジ・ギッリの名前はnakabanさんが教えてくれた。まだTitleを準備中のころ、「辻山さんの店は、ルイジ・ギッリの撮った写真のような色合いになりそうですね」と言われたのだ。

その予言は店を準備するあいだ、ずっと心のどこかに引っ掛かっており、そのようなときにモランディの展覧会が日本で開かれると知った。これは何か啓示のようなものではないかと思い、見えないつながりを求める気持ちで、神戸と東京の会場に二回足を運んだ。実際に見たモランディの絵画は想像していたよりもくすんでおり、その独特なくすみは人間くささを感じさせた。抽象的というよりは、それを描いた画家の濃厚な気配がする、具体に根差した絵であった。

生涯「モランディのアトリエ」にこもり、瓶、缶、水差し、器などが並ぶ《静物》と題された絵を描き続けたジョルジョ・モランディ。自らの芸術に関しては多くを語らず、ストイックだとも評される画家だが、『ジョルジョ・モランディの手紙』には、親しい批評家や作家などに送られた四十数年にわたる書簡が掲載され、その人となりが垣間見える。

手紙に書かれた内容は、作品集に載せる絵の指定や、自らの展覧会に対する不満、ポストを斡旋してくれた友人への謝辞など、仕事上のやり取りや身辺雑記が中心だ。そのなかでも極立って印象的なのは、心の平安を求める言葉が、繰り返し何度も書かれていることだろう。

こんな惨めな世の中だから、わたしが望むのはただ、世間から忘れられた存在であること、そして落ち着いて仕事ができることだけだ。

わたしが望んでいるのは、仕事のためのささやかな平和だけで、それ以外の何ものでもありません。

同じ静物を何度もくりかえし描く中で、光の微妙な変化、時とともに降り積もった埃など、人によっては見逃してしまう移ろいこそが、モランディ的世界では重要な要素であり、作品となって結実する。詩のようにかすかなその変化を逃さないために、画家は心を乱されることのない、すべてはいつもと同じであるという状態を必要としたのだろう。

モランディの描いた絵の多くは、彼の親しい人が所有していたという。実際にどの手紙の端々にも、ごく身近な人へのいたわりや気づかいが、几帳面に記されている。たとえ世間から忘れられた存在になったとしても、変人だと陰口を叩かれても、家族や友人たちに誠実であるために、いつもと変わらない自分でいたモランディ……。そんなことを考えながら、描かれた〈静物〉たちを眺めていると、生涯ボローニャを離れなかった画家の、生真面目で偏屈な、心優しい人となりが伝わってくる。

＊『ジョルジョ・モランディの手紙』
ジョルジョ・モランディ
岡田温司／編（みすず書房） 品切れ

おやすみ　そこここできこえるおとたちも

『おやすみなさい　おつきさま』

マーガレット・ワイズ・ブラウン

絵

本が好きで、大人になってからも自分のために買うことがある。そのように言うと多くの場合、「意外だ」という反応が返ってくるが、学生時代には児童書専門の出版社でアルバイトをしていたから、絵本にはもともと親しみがある。絵本は簡単にくり返して読むことができるし、一冊一冊が特徴のある色や形をしているので、大きな美しい造本で絵を心ゆくまで眺められることが何よりうれしい。

好きな絵本作家はたくさんいるが、なかでも荒井良二の絵本は折に触れて読み返すことが多い。『あさになったのでまどをあけますよ』『はっぴぃさん』『空の絵本』など、その色彩豊かな作品は、どれも眺めるよろこびを喚起するが、本のなかで特に何かが起こるわけではないことが、実はその尽きせぬ魅力になっていると思う。

生きていると、ふとしたときにこの世界をかけがえなく思うような瞬間が訪れる。それを思い起こさせるのは大抵が、雨上がりの街や赤ちゃんの笑い顔といった、一見ほかの時間と区別がつかないありふれた光景だ。荒井良二の絵本は大きなドラマもなく、淡々と物語が終わることが多いが、そのような何も起こらない絵本こそ、ありふれたもののなかにある日々のかけがえなさを思い出させる。

その荒井良二が学生時代に出会い衝撃を受けたという絵本が、マーガレット・ワイズ・ブラウンの『GOODNIGHT MOON』(『おやすみなさい　おつきさま』)だ。部屋のなかにある一つ一つのものに「おやすみなさい」と声をかけていくこの絵本は、ページをめくるごとに時間が進み、夜が深まっていくように感じられる(また、そのようにうまく作られている)。

『おやすみなさい　おつきさま』は、落ち着いたやさしい語り口が特に印象的だが、マーガレット・ワイズ・ブラウンと作者名の入った絵本は、誰が絵を描き写真を撮ったものであっても、その静かに聞こえてくる声が、「これはブラウンの絵本である」という、原作者の消せない気配を伝えている。

ブラウンの絵本にも、読むものの感情をわしづかみにするような起伏のあるストーリーは存在しない。その関心はストーリーを語ることよりも、世界そのものを断片的に写し取ることに向けられている。

きょう　さく　すべての　はな。
むしを　つかまえる　はやおきどり。
おひさまへと　のぼってゆく　あさつゆ。
はじけようとする　ふうせん。
かんがえはじめる　おとこ。

『しずかで　にぎやかな　ほん』

そこにあるものが、ことばによって等しく祝福される光景は、調和的な美しさに満ちている。それぞれのものが「生きている」という光を放ちながら、この世界に存在する。

ブラウンの本分は詩人であった。その耳は地球がまわるときにたてるかすかな音を聞き分け、その目は世界に秘められた美しさを慎み深く明らかにした。四十二歳の早すぎる死は、それから彼女が見つけたであろう多くの美しさを考えれば、あまりにも唐突であり、残念なものであった。

＊『おやすみなさい　おつきさま』
マーガレット・ワイズ・ブラウン／作
クレメント・ハード／絵
瀬田貞二／訳（評論社）

＊『ぼくの絵本じゃあにぃ』
荒井良二（ＮＨＫ出版新書）

＊『しずかで　にぎやかな　ほん』
マーガレット・ワイズ・ブラウン／作
レナード・ワイスガード／絵
谷川俊太郎／訳（童話館出版）

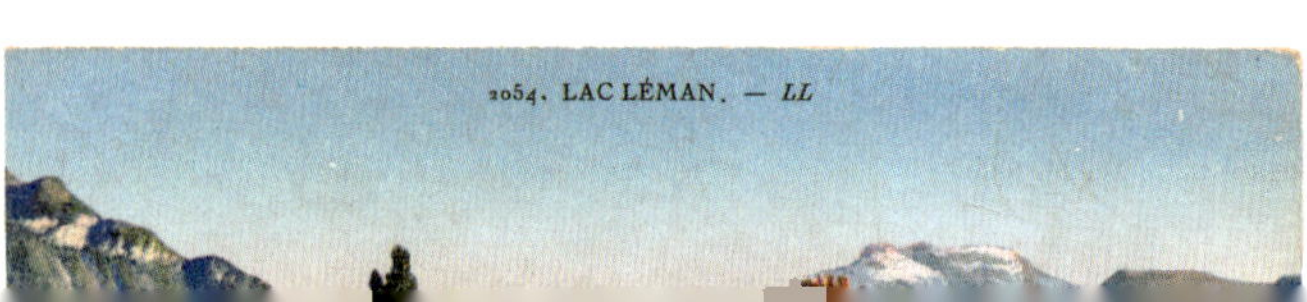
2054. LAC LÉMAN. — LL

この敷地は湖畔にあった。ここは、まるでこの小さな家を待っていたかのようであった。この土地の売り主であるぶどう栽培者の家族たちは、愛想のよい好人物であった。みんなで〝ぶどう酒〟を傾けた。

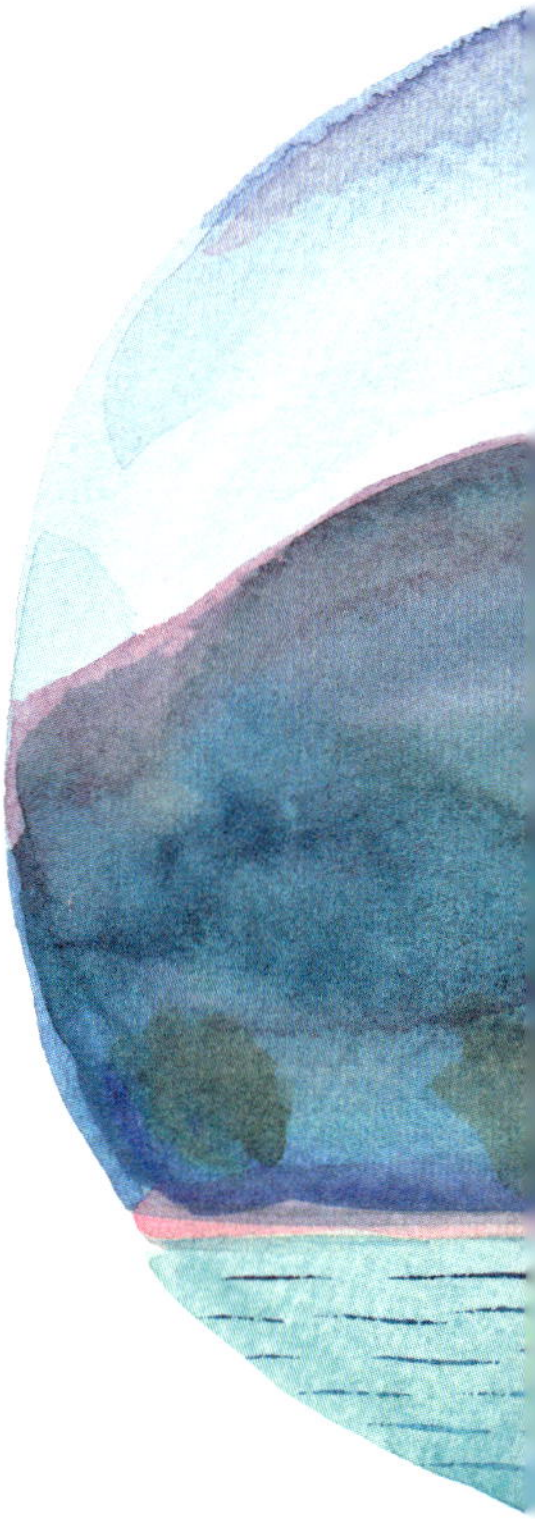

『小さな家』

ル・コルビュジエ

子どものころ住んでいた家は、「お屋敷」とでも言われそうな大きな家だった。一つの敷地のなかに、三家族の暮らす家がそれぞれ別に建っており、家と家のあいだは庭が見渡せる渡り廊下で繋《つな》がっていた。

その大きな家には、実はあまりよい記憶がない。次男であった父は、自分の両親と兄の顔色を窺いながら暮らしているように見え、このころは父と母の仲も険悪で、時たま怒鳴り声が子ども部屋まで聞こえてきた。

祖父は真珠の卸売業で財をなし、戦前・戦中は家の羽振りもよかったと聞いている。しかし息子たちに家業を引き渡したころには、その勢いはなくなっており、商売の縮小につれて、広かった家の敷地は次第に切り売りされた。実家は阪神・淡路大震災を契機に同じ神戸市内のなかで、小さな二階建ての家に引っ越しをして、その家には両親二人だけが住むことになった。誰もはっきりとは言わなかったが、ようやく身の丈に合った家になって、家族全員がほっとしていた。

父は引っ越した二年後に亡くなり、母はそれから一人で自由に生きたが、五年前にこの世を去った。両親のことを考えると、肩身の狭かった「お屋敷」をなくし、小さくても温かみのある家で晩年を過ごせたことは、本当によかったと思う。

昔から巨大な建築物よりも、建物自体の生命力がある、小さな住宅に魅力を感じてきた。建築家である前川國男（ル・コルビュジエの弟子でもある）の自邸や、映画「人生フルーツ」で見た津端《つばた》修一の家、住宅ではないがウィリアム・メレル・ヴォーリズが残した数多くの学校建築……。それらの建物は体の延長のように内と外が曖昧で、建物から包まれているような居心地の良さを感じる空間だが、ル・コルビュジエが設計した「小さな家」も、そのような家ではなかったかと想像している。

ル・コルビュジエの「小さな家」は、両親の隠居生活のため家が先に設計されたのち、建物にふさわしい場所が探された。ル・コルビュジエの設計した建築は、サヴォア邸、ロンシャンの礼拝堂、ラ・トゥーレット修道院など、いずれも一目で傑作だと納得させられる作品が揃っているが、この「小さな家」は写真を見る限り、圧倒的な存在感は感じさせない。その家はあくまでも住む人が主人公であり、住人に寄り添うように自然なかたちで存在している。

この窓は、この家のファサードにおけるただひとつの人目を引くエレメントである。

外へと向かう窓が存在することが、人間の暮らす場所において、どれだけ安らぎを与えることか。どのような家であれば、両親が落ち着いて暮らすことができるのか、若き日のル・コルビュジエにはその確信があったのではないか。窓はレマン湖に向かって大きく開いていたが、隠居した夫妻はそこから四季折々の美しい湖面を、幾度も眺めたことであろう。

ル・コルビュジエの父は一年間、母は三十六年間をこの家で過ごした。この「小さな家」は「母の家」と呼ばれることもあり、現在も同じ場所に建っている。

＊『小さな家』ル・コルビュジエ
森田一敏／訳（集文社）

3

このブロントサウルスは世界の果て、南米の一地方、パタゴニアに棲《す》んでいた。何千年も前、氷河に落ちて青白い氷に閉じ込められていたのが、そのまま山を下り、完璧な状態でふもとまでたどり着いたのだ。ブロントサウルスはここで、祖母のいとこ、船乗りのチャーリー・ミルワードに発見された。

『パタゴニア』

ブルース・チャトウィン

神戸の生家からほど近い鉄道の最寄駅には、海岸と並ぶようにして駅舎が立っていた。ホームから線路の先を目で追うと、それは外に向かって逃げるようにカーブしながら、次第に海のなかへと消えていく。高校生のころ、一人で電車を待っているときなどは、「ずっとここを辿ったら、いったいどこまで行けるのだろう」と、線路を見ているだけで気が遠くなった。それはJRの線路だったので、そこを行けば少なくとも、北海道か鹿児島までは行けるのだろうと思っていた。

ブルース・チャトウィンをパタゴニアの旅へと誘ったのは、「ブロントサウルスの皮」であったが、わたしの旅の虫は、陽に照らされてぎらりと光る、線路によって呼び覚まされたのだ。自由に旅ができる歳になると、長い休みには一人で海外に出かけ、働きはじめてからも短い休みを利用しては、こま切れに日本中を旅して回った。

日本のどこに行っても自然と惹かれたのは、北は知床岬や下北半島、南は薩摩半島の坊津《ぼうのつ》など、その先には何も存在しない、「さいはて」ともいえる場所である。実際にそこまで行ってみるとわかるのだが、さいはてとは決してロマンティックな場所ではない。その多くは厳しい自然環境にさらされ、打ち捨てられて荒涼とした雰囲気を漂わせている。そして大抵の場合、そこに住む人は荒々しくてそっけなく、投げやりな印象さえ与える。

しかし実際にその人たちと話してみると、そのそっけなさにはどこか人の好《よ》さもあり、周りの荒涼とした風景のなか、儀礼的ではないやさしさに人心地がつく。そしてその地を離れるころには、それまでの自分はきれいに消え去っており、体のなかに新たな力が、いつのまにかみなぎっていることに気がつく。さいはてとはわたしのなかで、そのような「生まれ変わりの場所」として存在していたように思う。

チャトウィンが旅したパタゴニアは、南米大陸の南の端に位置する、文字通り「世界のはて」である。チャトウィンはチリとアルゼンチンにまたがる広い地域を興味の向くままに歩き、実際にその目で見た出来事と、かつてその地に生きた人々のストーリーを重ね合わせて、『パタゴニア』を書いた。

『パタゴニア』が通常の旅行記には収まらない、深い余韻を感じさせるのは、その地で出会った人々に宿命的に貼り付いている、弱さや淋しさにあると思う（それは何というか、人間味にあふれている）。南米の端に希望（もしくは逃避場所）を求めて流れ着いた移民たち、自国では居場所がなくなってしまった犯罪者、そうした外からやってきたものにより絶滅へと追いやられていった先住民族のインディオたち……。そのすべてがまだかろうじて残っている希望にすがりながらも、確実に破滅へと向かっている道を、それが定められた運命であるかのように進んでいく。

この『パタゴニア』は、そうした矛盾に生きる人物像を体現した人で満ちている。そのエピソードが並べられていくうちに、「厳しくて美しい自然と、そこに暮らす寡黙な人々」といった、ステレオタイプなパタゴニアは背景へと沈んでいき、多様な人物からなる複雑なパタゴニアの様相が立ち上がってくる。

チャトウィンは人の内面に、むやみに分け入ろうとはしない。その胸の内を自分勝手に推し量ることはせず、表から見える姿だけをクールに書いた。それは、いつかはそこを通り過ぎてしまう自分をわきまえた、旅人的な態度ともいえる。

チャトウィンが愛用していた黒表紙のノートブックには、旅でのメモや詩などが書き付けられており、それは他人には容易に読み取れないものであったという。目のまえに広がる世界の先に、チャトウィンは何を見ていたのだろうか。遺されたものは、旅行記や文学の範《はん》疇《ちゅう》には収まらない、饒舌《じょうぜつ》で魅惑的な文章であった。

＊『パタゴニア』ブルース・チャトウィン
芹沢真理子／訳（河出文庫）

「あんた、ギャングなの？　詩人なの？」

『さようなら、ギャングたち』

高橋源一郎

それは権威的で凝り固まったことばではなく、もっとたよりなくていま生まれたかのようなことば……。高橋源一郎がこれまで一貫して使ってきたのは、そのような手垢のついていない、「生《なま》」を感じさせることばであった。デビュー作である『さようなら、ギャングたち』には、高橋のそうしたことばに対する態度が、わかりやすく表れている。

『さようなら、ギャングたち』がどのような小説であるかを説明することは難しい。小説には、〈主人公の「わたし」とその恋人の「S《ソング》・B《ブック》」、そして猫の「ヘンリー4世」が営んでいた愛と詩の生活に、ギャングたちが介入してくる物語〉という、一応のストーリーらしきものは存在する。しかしこの作品から受ける感動は、ストーリーを追いかけることにはなく、ストーリーのなかに巧みに仕組まれた、ことばとの不意打ちの出合いにある。

世界ではじめて口にされたかのような、その新鮮なことばの響きは、読むものに自分でも忘れていた純粋な感情を呼び起こさせる。それは、そのことばが生まれる瞬間に立ち会うかのような体験であり、大げさに言うならば、世界そのものが立ちあがる光景を目の前にしたときの感動がある。


わたしはむずかしいことばがきらいだ。

むずかしいことばで書かれたものを読むと、とても悲しくなる。なかなかわからないのだ。

むずかしいことばがきらいなのに、わたしもまた時々むずかしいことばを使う。

本当に悲しい。


現在、高橋は小説以外にも、社会批評から文学論、人生相談、児童文学にいたるまで幅広い種類の文章を書いているが、その文章に対するスタンスは、何を書いても変わらないように思える。高橋は子ども向けの作品に対し特別やさしく書くわけでもなく、社会批評だからといって脅かすような難しい書きかたもしない。その文章は平易であるからこそ子どもも大人も区別なく、そこから同じ深みを受け取ることができる。

いまとなっては想像がつかないが、デビューする前の高橋源一郎は、小説家になろうとする意志を持ちながらも書くことができず、十年間肉体労働に従事していた。その間、書くことや読むことが思うままにならないという失語症に陥り、単純な文章を書き続けるリハビリテーションの日々を送ったという。

高橋と同じように、肉体労働をしながら自分のことばを叩きあげた人物として、沖仲士《おきなかし》で哲学者のエリック・ホッファーがいる。しかしホッファーの、労働がそのまま哲学に結びついた武骨で直截《ちょくせつ》的なことばに比べ、高橋のことばには「飛躍」があり、いうなればより深い「絶望」がある。

『さようなら、ギャングたち』にあるのは、俗にポップでポストモダンと評された軽いことばではなく、絶望から生まれた肉体を伴ったことば、もどかしさから生まれた不器用なことばだ。その断絶を超えた飛躍は、涙を誘う。

＊『さようなら、ギャングたち』高橋源一郎
（講談社文芸文庫）

　ゆく河の流れは絶えずして、しかももとの水にあらず。よどみに浮かぶうたかたは、かつ消えかつ結びて、久しくとゞまりたるためしなし。世《よの》中《なか》にある人と栖《すみか》と、又かくのごとし。

『方《ほう》丈《じょう》記《き》』

鴨《かもの》長《ちょう》明《めい》

洛中と呼ばれた地域を離れ、車で郊外へと少し走るだけで、京都の町は華やいだ雰囲気が一変する。賑やかな〈俗世〉からは遠ざかり、静けさが増し、温度がすっと下がった心地がする。大原、八瀬《やせ》、宇治、嵯峨野《さがの》……、かつて遁世した人が移り住んだ地域は、いまも荒涼とした原野《げんや》の名残が感じられる場所であり、鴨長明が方丈の庵《いおり》で閑居《かんきょ》生活を過ごした日野も、こうした洛外の山麓《さんろく》にあった。

「こんな嫌な世のなかは捨て、いっそのこと山奥で、誰とも関わることなく過ごしたい」――現代を生きるわたしたちにも、ときとしてこのような出家願望に近い心情が生まれることがある。

古くは長明が意識したであろう西行法師、源氏物語に登場する藤壺や浮舟などの女性たち、天皇の母でありながら生家の平家滅亡ののち出家した建礼門院など、日本には人生の絶頂にあってそれを捨て（またはそうした状況に追い込まれ）、世間との関わりを絶った人たちの系譜がある。それから世をはかなむ心の構えは、時代に応じて様々な形に変化しながら、現代に至るまで脈々と引き継がれてきた（「田舎暮らし」なども、現代における出家の一形態と言えるかもしれない）。

『方丈記』の世界では火事や竜巻、遷都《せんと》、地震など、次々と天災や人災が起こる。天災はいまも忘れたころに発生し、この世界に安全な場所などないことをわたしたちに思い出させるが、その一方で人間は、そうした不完全な場所に競って高い建物を建造し、そこをモノや広告であふれさせる。そのような畏《おそ》れを知らぬ心に直面すると、「どうしてそんなに浮かれることができるのだろう」と、急に冷めた心持ちになる。

人は元来、この世界に何も持たず、身体一つで生まれてきた。「災害文学」とも言えそうな『方丈記』だが、意外にも少しの安らぎが感じられるのは、「そのような〈荒涼〉より他に帰るところはない」と、わたしたちは薄々気がついているからだと思う。

その家のありさま、世の常にも似ず、ひろさはわづかに方丈、たかさは七尺がうち也。所をおもひさだめざるがゆゑに、地を占めてつくらず。

一丈は約三・〇三メートル。そこからすると、『方丈記』で記された鴨長明の庵の広さは一

丈四方で約五畳半、高さは七尺で約二・一二メートルといった、小さな空間である。庵は地面と接しているだけで、簡単に分解と持ち運びができるように工夫されており、その場所が嫌になれば、別の場所へと移動できるようになっていた。

現代にも坂口恭平という、小さな空間から生の意味を問い直そうとする表現者がいる。坂口は元来誰のものでもない土地を私有することに疑問を持ち、安価で移動も可能な、車輪付きの「モバイルハウス」を制作する。この所有しないという考えは、消費が行きつくした先にある一つの結論のようにも思えるが、長明の方丈の庵は、まさにこうした流れを先取りしていた。

自らの生きざまと、その生みだす芸術とが混然一体となった坂口の姿もまた、鴨長明を思い起こさせるものだ。長明は下鴨《しもがも》神社の神職の家に生まれたが、父親が早世した不幸もあり、父の務めていた下鴨神社の正《しょう》禰《ね》宜《ぎ》惣官《そうかん》（最高責任者）になることが叶わなかった。その後も世俗的な出世ということでは失敗し続けたが、その〈嫌な人生〉を渾身の一筆でもって、いまも読み継がれる随筆にまで昇華させた。

いかに高い建造物といえども、いつかは滅びるときがくるが、かたちなき思想には永らえる強さがある。モバイルハウスがごとき庵から、広く想像を羽ばたかせる長明は、存外に現代的な人物であったに違いない。

＊『方丈記』鴨長明
　蜂飼耳／訳（光文社古典新訳文庫）
＊『独立国家のつくりかた』坂口恭平
（講談社現代新書）

実を言えば、山での行為は、この緊張感こそ貴いのであって、それは何よりも独りの時には最も切実に用意されるからである。

『若き日の山』 串田孫《まご》一《いち》

長野県の松本は、登山サークルに所属していた学生時代から、毎年のように訪れている町である。「松本ホテル花月」という、女鳥羽《めとば》川近くのホテルに泊まったある年の夜、ホテルの向かいに小さな古本屋ができているのを発見し、さっそく立ち寄ってみることにした。はじめて入ったその店の書棚には、串田孫一の本が充実しており（三十冊近く並んでいたように思う）、山に近い土地柄を表しているようで、すっかり嬉しくなってしまった。

串田孫一は、パスカルやモンテーニュなど、フランス思想を専門とする哲学者として知られる一方、ロマンティックな詩や絵をかき、愛する音楽や文房具に関しての随筆も綴った「マルチな人物」としても有名である。その残された仕事を見ると、森羅万象から人間らしく生きる道を追い求めた、真摯な人物像が浮かび上がってくる。

串田のそうした求道的ともいえる、生への希求がはっきりと表れたのが、山に関する一群の随筆だろう。一口に山の文学といっても様々だが、山に挑戦して高みを目指す、アルピニズムに偏った文学とは異なり、串田の書くものには、その文章のなかで人間と山とが一体となるような、山に対するあこがれの心情が描かれることが多かった。
頂《いただき》にある岩、谷に生える草木に、自己を投影する筆致はアニミズムにも近いが、串田にとって山とは、そうした若い感情の迸《ほとばし》りを受け止めてくれる存在として、いつもそこにあったのだと思う。

何故人は山へ登るのだろう。何故好んで、氷の岩尾根を登って行こうとするのだろう。この自ら悦《よろこ》んで求める忍苦の行為を人が棄てないうちは、私は人間の尊いねがいを疑わないだろう。

串田は一人で山に登る「単独行」を愛したが、自分と山以外には何もない場所において、生きているという実感はよりはっきりとその輪郭を表す。足を一歩踏み外せば滑落する危険と隣り合わせのなか、人の意識は目の前で刻々と変化する道に集中しており、そのとき人は山と一体化している。
そうした生の緊張感を求め、若き日の串田孫一は、何度も山に戻っていったのではないだろうか。山での孤独な時間は内省へのよき鍛錬となり、独自の哲学や詩作のこやしとなったのだと思う。

単独行といえば山をはじめた年の夏、南アルプスの白根三山（北岳、間《あい》ノ岳《だけ》、農鳥岳《のうとりだけ》）を、一人で登ったことがある。サークルには何も言わずに出てきたことに加えて、はじめての単独行が三千メートル級の山々だったということもあり、人知れず心細さを感じていた。登山口に設置されたポストに「登山届」を入れるときには、緊張していたのか、いつもより深く息を吸い込んだ。

しかしその不安は稜線に出たあたりから、胸のつかえがとれたように、徐々に解消していった。山の奥に入ってはじめてその姿を見せる遠くの山々は神々しく、苦労したものだけが見ることのできる、秘められた景色のようだった。稜線を歩いているあいだ、足元からずっと山に語りかけられているような気にもなったが、確かに一人で来なければそのような気持ちにはならなかったであろう。それはいま思い出しても、山と向き合う贅沢さを存分に感じ取った、夢のような時間であった。

「なるほど、これはすごいや」。聞かせるものはいないのだが、静かに興奮しながらずっと歩き続けた。

＊『若き日の山』串田孫一（ヤマケイ文庫）

「いいなあ」酔いを発している主人は鼻がつまったような声を出した。
柔道試合のように、主人と私は踊る。踊りながら主人は何度も訊く。
「やい、ポチ。旅行は嬉しいか。面白いか」
「普通ぐらい」

『犬が星見た』

武田百合子

いま、家の本棚には中央公論社発行の『武田百合子全作品』が並んでいる。それは書店チェーンに勤めはじめたころ、七巻まとめて買ったもので、揃いで持っている全集はいまだにこれ一つだけである。

レジで女性の先輩から会計をしてもらうとき、「武田百合子、いいよね」と、彼女からはあまり聞いたことのない、うっとりとした声で言われた。文芸書担当のその人とは、それまでしっかりと話をしたことはなかったが、そのときは自分の選択を認められたような気がして、少し誇らしい気持ちになった。

『犬が星見た』に記されたロシア旅行中、武田百合子はそう遠くはないであろう夫の死を予感していたように思う。旅行から七年後の一九七六年、夫であり作家の武田泰淳《たいじゅん》はこの世を去るが、この旅日記は「一つの旅の記録」という以上に、「この瞬間をとどめておきたい」という強い望みが働いた、純粋な結晶体のように見える。

現在では一人の作家として数多くの熱心な読者がいる武田百合子だが、夫の泰淳が生きているあいだは、一介の作家の妻として生きていた。しかし夫の死は、個人としての彼女にある覚悟をもたらしたのだろう。泰淳の死からわずか一年後、密かに綴られていた山荘日記は『富士日記』として出版され、更にその二年後には『犬が星見た』が続いた。

いずれの作品もその基になった日記があったとはいえ、書くことに対する精神的な深まりがなければ、刊行までの早さは説明できない。夫の死はあくまでもきっかけであり、本人の意識は別としても、武田百合子はその前から、い、つ、で、も、作、家、に、な、る、準、備、は、で、き、て、い、たのかもしれない。

原稿料が入ると「鰻《うなぎ》食いたいか」と夫はいった。闇米屋、さつま揚げ屋、進駐軍物資屋、古着屋などが雑居する荻窪駅前マーケットの中に老人夫婦の鰻屋があった。その辺りのでこぼこした泥の暗い通路に蒲焼《かばやき》の煙とにおいが濃くたまっていた。

『あの頃』

荻窪駅前マーケットとは、現在タウンセブンのビルが建っているＪＲ荻窪駅西口のあたりだろうか。若かりしころこの夫妻には、いまの Title からほど近い杉並区天沼に住んでいた

時期があったと知り、嬉しくなった。

食べる話が出てくると、「ああ、武田百合子だな」と思う。この短いエッセイに書かれた「うな丼」からは、ともすると実際に目の前に出されたうな丼よりも香ばしい匂いが漂ってくるのだが、そうした彼女の文章の力を、以前より不思議に思っていた。

もちろんおいしいものを知らなければ「おいしそうに書く」ことはできないが、それは珍しくて高級なものを口にするということではなく、ありふれたものこそがおいしいと知っているということだ。それは平凡なことのように思えるが、生きることにひたむきで貪欲なたましいだけが、それに気がつくことができる。

戦後の闇市から、平和な時代の山荘暮らしにいたるまで、武田百合子のひたむきさはいつでも忙しそうにうろうろとして、生涯何も変わらなかったように思える。生きる光は、いつも身のまわりにある。

＊『犬が星見た』武田百合子（中公文庫）
＊『あの頃』武田百合子　武田花／編（中央公論新社）

何しろ新しい彼等の家は丘の頂上にあるので、見晴しもいいかわり、風当りも相当なものであった。三百六十度そっくり見渡すことが出来るということは、東西南北、どっちの方角から風が吹いて来ても、まともに彼等の家に当るわけで、隠れ場所というものがなかった。

『夕べの雲』　庄野潤三

小田急線の生田《いくた》駅は、線路の近くまで山がせり出している、狭い谷の底にあった。『夕べの雲』は、当時庄野潤三が家族と移り住んだ、多摩丘陵にある家での暮らしを書いた小説である。その家がいまも残っていると聞いて、庄野潤三のファンで古本屋を営んでいるO君と、小説の舞台を見に来たのだ。

駅を出て、線路に沿って流れる川を渡るとすぐに急な階段があり、そこからは坂道が続く。坂の上にある浄水場まで来て、「そろそろ着いたかな」と思ったころ、その先にたんこぶのような小山が見え、家が数軒立っていた。『夕べの雲』を読むと、山の上には主人公の大浦が住む家以外には、何も立っていなかった。そのせいもあり、大浦はしじゅう風よけの樹木のことを心配していたが、その頃よりは新しく建った家が増えたのだろう。実際にここまで来てみれば、大浦の心配にも納得がいった。

はじめて読んだ庄野潤三の作品は、「静物」であった。家族に流れる時間を淡くスケッチしたような作品にはすぐに心を掴まれたが、「この感じは何だろう」という、若干のとまどいも残った。多くの小説に存在している「確かにこの本を読んだ」と思わせるカタルシスが、「静物」では作者によって注意深く取り除かれており、それぞれの光景は日常の平坦な時間のなかに、消えてなくなってしまうように思えた。

そしてその特徴は、『夕べの雲』にも引き継がれる。作品から受ける平坦さは更に純度を増し、「山の上に立つ家に、何も起こさない」という作者の徹底ぶりは、文学に対する静かな意志表明のように感じられた。

この『夕べの雲』は、一九六四年の九月から翌六五年一月まで、日本経済新聞の夕刊に連載された。サラリーマンが家に帰り新聞を広げると、この日常と地続きである素朴な小説を目にすることができた時代は、平和で幸せなときでもあったのだろう。

シャベルで掘っている時、大浦は不思議な感じがした。自分がいま株分けしているのは浜木綿《はまゆう》であるが、それは何かの生命に違いない。向うの部屋では、母が眠っている。何度も危くなって、まだ続いている母の生命がある。

「家」が中心となった庄野潤三の小宇宙には、動植物や虫が頻繁に登場する。その小さな命

は特に誇張されることもなく、ただそこに存在するものとして淡々と描かれるが、そこには庄野が人間を見るときの眼差しが通底していた。家族の幸福な時間は、命のはかなさと表裏一体であり、それゆえに光りかがやいている。庄野潤三は自らの世界にある小さなものたちを、その弱さごと愛したのだろう。

後日、縁あって「山の上の家」を再訪する機会に恵まれた。台風二十一号が猛威をふるい、日本じゅうで多くのものをなぎ倒して去った翌日のこと、空は前に訪れたときと同じで、よく晴れていた。なかに入ってみた「山の上の家」は、そこに暮らした家族の気配が感じられる、上品だが気どりのない、心の底からくつろげるような家だった。調度品はどれも素朴であるがよく使い込まれ、台所のタイルや床もきれいに磨かれている。部屋のなかには風が吹き抜け、「澱《よど》み」がまったくないような家であった。

同じように招かれた人たちとともに、長女の夏子さん、長男の龍也さんに家を案内していただき、お話を伺った。お二人は庄野文学の人のよさを受けついだ、曇りのない「青空」のような人たちであった。「よき心は、このようにして続いていく」――そう思うと、家族の物語はまだ終わっていないことに気がついた。

＊『夕べの雲』庄野潤三（講談社文芸文庫）
＊『山の上の家』庄野潤三ほか（夏葉社）

ざあざあと雨がタクシーのボンネットを叩く。役所の建物のような殺風景な民宿の窓を叩く。一人暮らしのアパートの窓を叩く。タクシーの、民宿の、アパートの窓から、淀川が見える。大阪の街のまんなかを分断するように流れる淀川が、雨を集め、真っ黒に濁って、ごうごうと流れている。

『ビニール傘』

岸政彦

母の生家は大阪市の北西部、西淀川区の野里《のざと》にある。子どものころは年に一度か二度、母と兄と三人で神戸から野里まで出かけたが（父は決まってその場にはいなかった）、同じ関西とはいえ、街の雰囲気も人との距離感も違う大阪に行くのは、いつも少し気後れがしていた。野里の家から十分ほど歩くと淀川に架かる橋が見え、大阪の都市部に向かう国道が通っていたが、当時その淀川を越えて向こう岸に行くことはなかった。学校に通いはじめ子どもながらもやることが増えてくると、野里に行く機会は減り、母は生家に一人で帰るようになった。

その後、大学入学のため上京した。帰省の行き帰りにはいつも新幹線を利用したが、東京に戻る際、神戸から新大阪駅まで在来線で行ってから新幹線に乗り換えていた。そうすると、大阪に向かう途中で必ず淀川を越えることになる。

淀川はそこを渡っているあいだじゅうずっと、「外に出ていく」という感じがする川だ。大げさではなく、まるで海を渡っているかのようであり、その川幅は実際よりもずっと広いものに感じられる。しかし、そのまま東京に出てしまうわたしにとって、川の先に広がる大阪の街は、窓の外にその存在を一瞬認めるだけであり、そこに降り立って深く関わることはなかった。

社会学者の岸政彦が書いた『ビニール傘』には、自分が通ってこなかった大阪の風景があった。小説に描かれた様々な人生は、自分とは縁遠く感じていたものだけに、読むあいだは緊張した。すぐ近くにありながら距離のある人生に対して、どのようにふるまうべきなのか、いつも迷いながら生きている。普段立っている〈安全な〉日常は、実は限られた世界という前提があってのことで、「そこをひとたび離れれば、自分は無力なのだ」という事実を、小説に描かれた人生からは強く思い知らされた。

数時間ぶりに我に返ってまず感じるのは、いつも、強烈な孤独感である。数時間を他人と人生を共有したあとだから、よけいにそうなのかもしれないが、むしろ私は、この感覚は、人ひとりの生活史というなにかとてつもなく大きなもののなかを旅した後に感じるものだと思う。

『断片的なものの社会学』

これまで数多くの人にインタビューし、そのライフヒストリーを聞きとってきた岸の小説には、無数の声ならぬ声がこだましている。『ビニール傘』は、それまで岸が聞きとった様々な人生に押されるようにして、この世界に生まれ落ちた小説にも思える。それぞれ交わることのない孤独な声が、プリズムのようにお互いを照らしている姿は、現代の社会に引かれた見えない境界線を指し示すかのようでもある。

数年前に母が亡くなり、遺されたわずかな土地の管理のため、年に一度、再び野里に通うようになった。大阪地方で大きな地震があった日の翌日、野里を訪ね無事を確かめてから、その足で『ビニール傘』に出てくる場所をいくつか歩いた。同じ大阪でも地震の被害が大きかった北摂《ほくせつ》地域ではないせいか、街は思ったよりも落ち着いており、昨日地震があったとは、歩く限りにおいてはわからなかった。せっかくなので淀川が見たいと思い、此花《このはな》区役所から商店街を抜け、河川敷まで歩いていった。

重たい曇り空の下、はじめて〈向こう岸〉から淀川を眺めた。振り返ると遠くには梅田のビル群が見え、その手前にはいくつもの橋が架かっている。「なるほど、こう見えるのか」と、今までこの風景を見て来なかったことが何だか不思議に思えて、可笑《おか》しくなった。

その日は雨が降ったりやんだりで湿気がひどく、河川敷から駅に向かう途中に見つけた銭湯で汗を流した。地元の人に混じりながら裸になり、その土地の湯に浸かるのはいい気分だった。

＊『ビニール傘』岸政彦（新潮社）
＊『断片的なものの社会学』岸政彦（朝日出版社）

兄弟の間では、どの程度に礼儀を保ち、またどれくらい打ち解けて無遠慮にしたらいいものか、私にはまだよくわかっていない。「お差支《さしつか》えなかったら、二階へ行きましょうか」ここでひとりで、ビールなど飲んでいるのも、いじけていでいるみたいで、いやらしい事だと思った。

『津軽』

太宰治

久しぶりに帰った実家において不器用に居場所を探す太宰の姿は、滑稽だがよく理解できる。わが身を振り返っても、お互いが大人になり久しぶりに会った男兄弟のあいだには、親に対するときの遠慮のなさとは異なる微妙な距離感があり、あまり話すことはないものだ。

だからといってまったく話さないというわけにもいかず、近況報告などをし合っても、友人たちとの会話のように盛り上がることは少なく、かえって他人行儀さが明らかになる。もちろんそのほとんどは〈照れ〉であるため、そこに第三者の誰かがいればなんとなく場が和やかになり、お互いほっとするのである……。

『津軽』は、太宰治が自分の生まれ育った青森県津軽地方を隅々まで歩き、その風土、人を書いた三週間の記録である。「苦しい」東京を離れなつかしい土地を旅する太宰は終始陽気であり、その文章は出会った人や風景を、伸びやかなユーモアを交えながら快活に捉えている。

　地に足をつけて暮らしている津軽の人たちに対しては、東京で成功した作家としての自意識は何の役にも立たない。流行作家の〈太宰治〉は故郷では持て余す存在であり、この地での太宰は自分から裸になって、兄をはじめとする故郷の人と接している。『津軽』には全編を通じ、図らずも素の顔を見られてしまった太宰治の、あかるいはにかみがある。

　地元でも有数の名家に育った太宰は、権威的な家から飛び出すようにして東京に出てきたが、経済的にはその家に頼らざるをえず、相反する感情に苦しめられていた。生家に対するわだかまりが消えることはなかったかもしれないが、長じて自分の弱さと向き合うようになり、そこで知ったかなしみが、太宰と故郷との距離を再び近づけていったのではないだろうか。

　言いかたを変えれば、津軽人とは、どんなものであったか、それを見極めたくて旅に出たのだ。

「津軽人とは何か」という問いは、自らの生存に関わるかのような切実さをもって、旅のあいだずっと作家を突き動かしていた。自らの宿命を規定したこの地のことを知り得たならば、東京で自分を悩ませる個人的な問題も解決するかもしれない……。太宰はそのような一縷《いちる》の望みをもって、津軽の地を歩いていたのだろう。

作中でたびたび言及される、津軽人の過剰さ、野性味は、まさに我々がイメージする太宰治そのものである。そうした過剰さが一面では世に知られた文学的な達成となり、また一面では個人的な生活の破綻となって、作家の一生を支配してしまったのかもしれない。

それにしても作品から聞こえる太宰治の声は、遠くからでも聞こえてきそうなくらい、大きい。周りの静けさのなか、その声はひときわよく目立つ。津島家の「修っちゃあ」に戻った太宰はその役割を嬉しそうに演じ、つかの間の休息ともいえる時間を過ごしていたが、その大きな声は故郷では少し浮いており、やはりどこか不器用そうでもある。

＊『津軽』太宰治（新潮文庫）

彼等に取って絶対に必要なものは御互だけで、その御互だけが、彼等にはまた充分であった。彼等は山の中にいる心を抱いて、都会に住んでいた。

『門』 夏目漱石

夏目漱石の小説では、個別の作品としての印象よりも、「漱石」という長い一冊の本を読んだ感覚が、より手元に残る。それはいつもおなじみの役者が登場する、同じ監督が撮った映画作品を観ることと似ている。作品の内容や結末は似通っているが、それでもついつい手が伸びてしまうのは、その語り口やディテールに中毒性があり、しばらくそれに触れないと、何か物足りない感じがしてくるためにほかならない。

漱石は、人生の暗がりにいるときに、読むのがいい。調子がよいときには見えてこない人の世の情景があり、後ろむきになりながらも前に進む遠まわりの諧謔《かいぎゃく》がある。

そのような漱石の小説のなかでも『門』は、「都会の片隅で、お互いだけを見つめながら、ひっそりと暮らす夫婦がいる」ことが、特に印象に残る作品である。世間からは遠ざかり、その世間からも忘れられた夫婦は閉じた円のようであり、その円だけを見れば充分に満ち足りている。
現代の騒々しい世のなかにも、同じようにお互いをいたわりながら、つつましく暮らしている男女の姿もあるのだろう。「何か隙《すき》あらば、爪痕の一つも残してやろう」と考える人物ばかりが目立ついま、『門』に見られる〈消極的な充足感〉は稀有であり、尊い姿のように思える。

その世捨て人のような暮らしかたから、主人公の宗助にはずっと「役所に勤める中年の男」というイメージがあったが、改めて文中の出来事から計算してみると、恐らく三十歳にも満たない年齢であることに気がついた。『三四郎』『それから』に見られた若さ、明るさとは決別し、うす暗い淋しさに分け入っていく『門』の空気が、年齢に似合わない老成した人物像を作り出したのだろう。『門』は一冊を通して、ダークな色合いが変化することなく、話がそのまま終結してしまうことが、かえって息苦しい日常を印象づける。

彼は門を通る人ではなかった。又門を通らないで済む人でもなかった。要するに、彼は門の下に立ち竦《すく》んで、日の暮れるのを待つべき不幸な人であった。

親友を裏切った過去から追いかけられるように、禅寺の門をくぐる宗助は、最後まで破滅もせず明るくもならず、夕暮れの一点でとどまっている状態である。宗助が作中積極的に動くのは、鎌倉への参禅を決めたときだけだ。それも、かつて裏切った親友の亡霊から逃げるように行動しただけの話であって、何か状況を変えてやろうという意気込みを、宗助から感じることはない。

このひたすらうす暗がりをさまよう小説のなかで、宗助の妻である御米《およね》一人だけがあかるい。難しいことを考える素振りで懐《ふところ》手《で》をして、「高等遊民」を気取る男たちとは異なり、漱石の書く女性たちのほとんどは楽天的かつ現実的で、存在自体が放つあかるさをその身のなかに宿しているようにも見える。男たちに合わせ静かに微笑みながらも、内に秘めた意志を感じさせる女性たちに、漱石は「窮屈な人生を脱する」一縷の望みを託していたのかもしれない。

＊『門』夏目漱石（新潮文庫）

ひとりの男が地面に三〇フィートほどの長さで横たわる一本の木にあとからあとから何ガロンもの灯油をかけると、つぎに、枝にまだ青い実をつけているその木に火を放つ光景は、いくら人生最初の記憶とはいえ、異様な光景だった。

『芝生の復讐』

リチャード・ブローティガン

「リチャード・ブローティガン」という名前を口にするといまも、どこかに甘酸っぱさが漂いはじめる。カウボーイハットをかぶり口ひげを蓄えても、決して男らしさを感じさせることはなく、かえって場違いな印象を与えてしまうアメリカ人。その最期には自宅でピストル自殺をしたあげく、しばらくは誰にも発見すらされなかった孤独な詩人……。リチャード・ブローティガンという名前には、そうした滑稽なもの悲しさが宿命的に貼り付いているようだ。

それでもブローティガンはわたしの知る限りにおいて、いまも多くの読者に（とりわけ若者に）熱烈に愛されているアメリカ人作家の一人だ。そのことばはたどたどしく、子どもの書いたものかと間違えてしまいそうなくらいだが、いま生まれたかのような瑞々しさがあり、その一つ一つが〈生きている〉のである（もちろんそれは、ブローティガン作品のほとんどを訳した、藤本和子さんの仕事を抜きにしては考えられない。まれに見る共作といってよいと思う）。

「ブローティガンのように書いてみたい」。そのように思い、かつて実際に書いてみた文章はぎこちなく、どこかわざとらしさが目立つものだった。ブローティガンのことばには模倣を誘うところがあるが（また、簡単に書けそうな気にさせられるのだ）、ブローティガン自身の口から発せられないと、そこには魂が宿ってこないのであった。

『芝生の復讐』は、ブローティガンが一九六二年から七〇年に書いた作品を集めた短編集である。「短編集」とは言いつつも、二、三センテンスで書かれた試し書きのようなものから、一見意味をなさないショートストーリーまで、そのなかには様々な種類の文章が雑多に詰め込まれている。

そこにある多くの断章は、一見何の役にもたたなそうに見える。しかし、ブローティガンの文章が美しいのは、それが「何かの役にたつ」こととは別に、その文章のためだけに存在しているからだろう。わたしたちのなかには、無用なものにこそ慰められる心がある。ブローティガンの文章は、社会が押しつけてくる「意味」からは離れ、純粋に「読む」ことだけを楽しみたい気持ちによりそってくる。

——

そこを通り過ぎたわたしは一言もいわなかった。子供たちはもうぐしょ濡れだ。

——

ポーチの上の彼らは沈黙のなかにじっと身を寄せあっていた。これが人生だ、とわたしは思わずにはいられなかった。

『芝生の復讐』には「もうぐしょ濡れ」な人たちが、数多く現れる。登場人物たちは一様に、幸せとは言えなそうな状況にあり、人生に対する敗北感を抱いているように見えるが、そうした屈折した心が突如庭に生えている梨の木を切り倒しそれに火を放つといった、唐突でグロテスクな光景を生む。その人たちは「強いアメリカ」とは無縁で、その恩恵にあずかることはなかっただろうが、ブローティガンはそうした「弱き人生」にこそ共感のまなざしを向けた。

そのような悲しそうでちっぽけなアメリカ人の像に、ブローティガン自身の挫折がどれだけ反映されているかは、想像するよりほかはない。ある人の挫折はその思いに反して、遠くからは美しく見えることがある。カウボーイハットのブローティガンは、自分の弱き魂をつつみ隠すことなく差し出しながら、それをすり減らして生きていたのかもしれない。

＊『芝生の復讐』リチャード・ブローティガン
藤本和子／訳（新潮文庫）

「開いてる窓の前で立ち止まらないように」とぼくらはおたがいに囁《ささや》いた。
やっとホテル・ニューハンプシャーに戻ったときも、オペラ座はいぜんそこに立っていた——安全に。とにかく、しばらくは安全だ、とぼくは思った。

CIGAR

『ホテル・ニューハンプシャー』

ジョン・アーヴィング

『ホテル・ニューハンプシャー』の初版が出版されたのは、一九八一年のこと。少し前の作品だとばかり思っていたら、書かれてから三十年以上が経ち、古典ともいえる風格を漂わせるようになった。

『ホテル・ニューハンプシャー』を知らない人に対して、その魅力を説明することは難しい。「風変わりな人たち（それに熊）が次々と出てきて、何にしてもやりすぎてしまう物語だ」とその印象を語り、「ときを忘れて読んでしまうことは間違いないだろう」とその面白さを力説しても、この〈全体的〉な小説の、わずか一部を説明したことにしかならない。なにせ起伏のあるストーリーテリングと個性的なキャラクター造形、そして社会に対する批評性など、およそ小説が持ちうる要素をすべて高次元に詰め込んだ一冊が、この『ホテル・ニューハンプシャー』なのだから。

しかし現代のおとぎ話は決して夢物語だけでは終わらない。主人公の家族は、暴力やレイプといった人間の心が抱える闇に絶えず襲われ、同性愛や近親相姦のタブーにも苦しんでいる。死は唐突に、そして何回もくり返し家族を襲い続ける。アーヴィングによればこの世界は、決して安全な場所ではない。

それでもこの物語を安心して読み進めることができるのは、作者により見守られているというあたたかみが、そこにあるからだ。その父親のような視線を感じながら、この世界に遍在する暴力性を乗り切ることに、アーヴィングを読む大きなカタルシスがある。

「不寛容なものに対する寛容さは、時代がわたしたちに要求している困難な課題じゃないかしら」とヘレンがいった。

『ガープの世界』

『ガープの世界』でのヘレンの台詞は、「いま書かれたのではないか」と驚くほど、同時代的だ。物語の舞台となった一九六〇～七〇年代の、アメリカ社会に存在した「暴力」や「分

断」は、現代社会においても形を変えながら、巧妙にソフィスティケートされて残っている。そのような引き裂かれた世界で、個人の持つ倫理性はいかにして保たれるのか。アーヴィングの問いかけはますます切実なものとなってそこにある。

アーヴィングの師でもあるカート・ヴォネガットは、かつて「狂った社会に暮らす正気な人は、狂って見える」と言ったが、その「正気」を救う一つの方法がユーモアである。アーヴィングの世界では悲惨な出来事のあったすぐそばには、必ずといっていいくらい、ささやかなユーモアが用意されている。どのような人生にも、生きていれば自然と「泣きながら笑う」しかない事態が訪れることがあるが、そのように二つの感情を同時に生きることで、わたしたちは自分を正気に保っているのだろう。

映画にもなった『ガープの世界』では、ビートルズの「When I'm Sixty-Four(64になったら)」がメイン・テーマとして流れる。短い一曲のあいだにも不可逆的な時の流れと、明るいペーソスがあり、よく見つけてきたなと感心するほどアーヴィング的だ。

＊『ホテル・ニューハンプシャー　上・下』
ジョン・アーヴィング　中野圭二／訳（新潮文庫）
＊『ガープの世界　上・下』ジョン・アーヴィング
筒井正明／訳（新潮文庫）

花は蘆屋《あしや》の家の附近にもあるし、阪急電車の窓からでもいくらも眺められるので、京都に限ったことはないのだけれども、鯛でも明石鯛《あかしだい》でなければ旨《うま》がらない幸子は、花も京都の花でなければ見たような気がしないのであった。

『細《ささめ》雪《ゆき》』

谷崎潤一郎

母は五人きょうだいの末娘だったが、大阪に住んでいた一つ上の伯母は母のことを、「こいちゃん」と親しみをこめて呼んでいた。子どものころ、その聞きなれない呼び名を耳にしても、大して気にもとめずにいたのだが、あるとき「こいさん、頼むわ。——」という『細雪』の有名な冒頭を読み、「そうであったか」と納得がいった（大阪の一部地域の家庭では、末の娘を呼ぶとき「こいさん」と呼ぶことがあった）。

実は「谷崎潤一郎の小説が好きだ」という訳ではなくこの『細雪』だけが特別好きで、定期的に拾い読みする習慣がある。それも物語の筋を追うのではなく、阪神間の旧家の風俗やものの考えかたに関する記述を、淡々と追いかけていくことが何より楽しい。文中に記された地名や、いまは存在しない店の名前を目にするだけでもあこがれに近い気持ちが起こるのだから、当時の関西の人にとって『細雪』は、まばゆく映る存在だったに違いない。

物語は三女・雪子の縁談話と、四女・妙子の奔放な恋愛譚が軸となり、ゆっくりと進んでいく。それは似たような情景が続く一枚の絵巻物のようであり、ずっと眺めていられる美しい絵と同様に、『細雪』もその世界にいつまでも浸っていたくなる静的な物語である。『細雪』は「動かない」世界であるからこそ、そこに住む人間の情念がはっきりと感じられる。そして登場人物たちの情念が深いほど、その物語は読むものに対して逆の作用、すなわち「無常」を強く意識させずにはいられない……。

　貞之助はそこで立ち止まって前方を眺めた時、さっき甲南学校の生徒が「海のようだ」と云ったのは、今自分の眼前にあるこの景観のことなのだなと合点が行った。

　そのように日常を崩さない『細雪』であったが、唯一それを変える出来事が、昭和十三年に阪神地方を襲った大水害である。なかでも被害が大きかったとされる蘆屋川、住吉川の一帯は、比較的海に近い土地であっても、振り返れば山が近くに迫って見える急峻な地形であり、大量に降った雨は一時経つと急な川の流れとなって、人の住む地域まで押し寄せてくる。
　この水害の記述には数章が費やされ、簡潔に事実の重みを積み重ねた筆致は、他の章からは異質なものとして映る。あくせく働き、それを積み重ねた人間のいとなみも、大きな自然のなかでは一つの点景に過ぎない。ずっとあかるかった蒔岡《まきおか》家の運命も、この水害には「水を差された」のか、それ以降は雲がかかったように、所々で陰りはじめる。

元々あった場所からは移築されているが、谷崎が『細雪』を執筆した家である〈倚松庵《いしょうあん》〉を見に行った。本格的な春の訪れにはまだ早い日のことで、電車の駅を降りると冷たい雨が降っていた。実際見た倚松庵は上品だが質素であり、意外なほど小さくて気がつかずに一度通り過ぎてしまったほどだ。

日本が何年にもわたる戦争を戦っているあいだ、谷崎はその小さな家にこもり、時局に合わない上流社会の日常を書き続けた。社会情勢は切迫していたが、谷崎の頭のなかには御《お》室《むろ》の桜やたび重なる縁談話からなる世界が、より切実なものとして存在していたのだろう。『細雪』から感じられる無常観は、こうした作品が書かれた背景と無縁ではないかもしれない。

倚松庵の裏手に回ると曇り空の下に、蕾《つぼみ》を大きく膨らませた桜の木が見えた。姉妹が愛した桜は、ここにもあった。

＊『細雪（全）』谷崎潤一郎（中公文庫）

「声」は伝わらない。それがぼくの実感だ。
「声」は沁みてすでにある。それもまたぼくの実感だ。

『声めぐり』

ひとつことばを覚えれば、そのことばは、あらゆる感覚を呼び覚ましていくだろう。こうしてぼくたちは、どんどんどんどんどん異なりの境目を深くしていく。

そのことを素直に寂しいと思うし、素直にうれしいと思う。

『異なり記念日』

『声めぐり』『異なり記念日』

齋《さい》藤《とう》陽《はる》道《みち》

二〇一八年七月二十日、Titleに併設しているギャラリーで、齋藤陽道の写真展がはじまった。そのときは『声めぐり』と『異なり記念日』という二冊の本の刊行記念として、そこからことばと写真を選び展示した。店を開いたときから、「いつか齋藤さんの写真展をやりたいですね」と話していたので、それから二年半がたち展示が行えたことは感慨深かった。

この『声めぐり』と『異なり記念日』は、それぞれ別の出版社から同時に刊行された。『声めぐり』は、「聾《ろう》する耳」を持って生まれてきた齋藤が、手話や写真と出合い自らを発見していく物語。『異なり記念日』は、齋藤と妻のまなみさんの「きこえない」二人が、「きこえる」子どもである樹《いつき》さんを授かり、違いを認めながらも共に生きていく現在進行形の記録だ。

『声めぐり』には、自らに深く潜りこんでいく内省する力があり、『異なり記念日』には、愛情を解き放った明るさがある。同時期に書かれた二冊は、それぞれ別の人間が書いたのかと思わせるほど緊張感が違うが、そのことがかえって、一人の人間が見せる複雑さを表しているようで面白い。

店を開くとき、ウェブサイトの写真は齋藤陽道に依頼しようと思っていた。それまでに見ていた齋藤の写真には、その場所の気配や人の物語までもが写り込んでいるようで、その眼で「店」を撮ったとき、果たしてそれがどのような写真になるのか自分でも見てみたかったのだ。

それは「撮る」とか「撮った」というガツガツとした感じではなく、「呼ばれた」と表すほうがふさわしいものだった。つぼみがぽんと開いて花となるように、自然にシャッターを押していて、「あ、いい写真が撮れたな」という直感も同時に感じていた。

『声めぐり』

これから開店しようとする本屋を不思議そうに見つめる少年、叢《くさむら》のなかから見上げた古めかしい看板建築の建物、陽だまりのなかで気持ちよさそうに呼吸している本棚……。出来上がった写真を見ると、どれもそれまでに見ていた自分の店とは思えず、「同じものを見ても、齋藤さんにはここまで違うものが見えているのか」と心底驚いた。

齋藤の写真には、作意が感じられない。撮影しているときの様子を見ていると、被写体を予め想像していた画《え》に当てはめるのではなく、その場に流れる空気を感じ、ある瞬間が訪れるのを待ってシャッターを押しているかのように思えた。

撮影中の齋藤の気配や身のこなしは静かで、被写体の人物は、ほとんど撮られていることが気になっていないように見える。最近も店の営業中に店内の写真を撮ってもらったのだが、周りにいるお客さんも、撮影している彼の存在にほとんど注意を払っていなかったのが可笑しかった。

齋藤との会話は、込み入った内容になるとメモ用紙を用いて筆談で行っている。普段のコミュニケーションとは異なり、「伝わったかな」と心もとない気持ちになることもしばしばで、そのあいだに「違い」が横たわっていることは、間違いない。

しかし、その不器用なやり取りのなかにも、何らかのあたたかな感触が残ることがある。それは齋藤が「聾だから」ではなく、彼の生きることへの懸命さや心のふるえが、互いの違いを越えて強く伝わってくるからだ。

齋藤との会話では、「意味」の前に「存在」を交わし合っているような気にもなるのだが、その確かに人と出会ったという実感が、彼と出会う人の心を開き、しばらくのあいだ温めてくれるのだろう。

齋藤は出会う人との「異なり」に、長いあいだ悩み続け、苦しみながら生きてきたと思う。そして親となったいま、その「異なり」は淋しさや嬉しさを感じながらも、受け容れるものとして変わっていった。ここからまた、齋藤陽道の新しい物語がはじまろうとしている。

＊『声めぐり』齋藤陽道（晶文社）
＊『異なり記念日』齋藤陽道（医学書院）

友だちがみんなうちに帰ってしまった晩、モモはよくひとりで長いあいだ、古い劇場の大きな石のすりばちの中にすわっていることがあります。頭の上は星をちりばめた空の丸天井です。こうしてモモは、荘厳なしずけさにひたすら聞きいるのです。

『モモ』 ミヒャエル・エンデ

閉店後、誰もいなくなった本屋のなかに一人で立つと、自らの時間を取り戻した本が、小さな声でつぶやきはじめる瞬間がある。店のなかは、人が出入りし慌ただしかった日中とは別の時間に切り替わり、静かであるが濃密な空気が次第にあたりを満たしはじめる……。

ミヒャエル・エンデ自らがイラストを描いた『モモ』の表紙は、「時計の森」を歩くモモの後ろ姿であった。この表紙を見るたびに「この時計が〈本〉であっても、面白いだろうな」と思っていた。それぞれが違う声を持つ本が狭い空間に並んでいる本屋は、そのなかに幾つもの世界を抱えた、身近なファンタジーの舞台でもある。そこに立ち、耳を澄ませるだけで、世界が膨らんでくるようであり、何か満たされた気持ちにもなってくる。

本屋の店主として『モモ』という本には、特別な思い入れがある。お客さんと話し込み、話の流れで買ってもらったことも一度や二度ではないし、店が暇な時間に頼まれた『モモ』

の紹介文を書いていたら、まさに当の『モモ』を手にした女性が目のまえに現れたこともあった（それだけで恋に落ちそうなシチュエーションだ）。そこにあるだけで人の縁を結ぶ本は多くはないが、『モモ』にはそうした不思議な力が備わっているように思える。

けれど、時間とはすなわち生活なのです。そして生活とは、人間の心の中にあるものなのです。

人間が時間を節約すればするほど、生活はやせほそって、なくなってしまうのです。

子どもたちのために書かれた童話には、この社会を見るエンデの鋭い批評が含まれている。『モモ』では「灰色の男たち」により、多くの人が時間を盗まれたあとの世界が描かれるが、経済を優先させて成り立つ現代の社会は、エンデが予想した「ふきげんな、くたびれた、おこりっぽい顔」をした世界になりつつある。満員電車の舌打ち、アパートの窓から聞こえてくるどなり声、うつむいて街を歩く表情が消えた多くの顔……。節約したはずの時間に支配された現代人の姿は、とても自然と呼べる状態ではなく、そこに人間らしさは存在しない。

灰色の男たちが、モモから時間を盗むことができなかったのは、モモには時間を節約しようとする気持ちがなかったからに他ならない。モモが感じていた時間は、何かと交換できるものでもなければ、ましてや他人の時間と比較するものでもなかった。充たされて自分の時間を生きているものは、嫉妬や欲望といった感情とは無縁であり、そこに何かが付け入る隙はない。

円形劇場の下に座っていたモモは、人の話を聞くだけで、特に自分から何かを語りかけるわけではなかった。しかしその存在自体が自然と相手に働きかけ、出会った人をゆっくりと、その人自身へと帰していった。

本屋に入ってきた人もまた、店にある本を眺め、手に取るうちに、次第にその人自身へと帰っていく。話しながら店に入ってきた友人同士も、並んでいる本を前にすると、口をつぐみそれぞれ思い思いに好きな本を手に取りはじめる。そうした日常からは解き放たれた場所を整えておくことが、本屋の店主としての仕事でもある。「本屋にいるときくらい時間をひとりじめして、素のままの自分で過ごしてもよいではないか」。次第に真剣になっていく人の表情を眺めながら、いつものようにそう思った。

＊『モモ』ミヒャエル・エンデ
大島かおり／訳（岩波書店）

あとがき

nakaban

言葉は映像とは全く無関係。気持ちも体温もある僕たちが発明した鉱石的な冷たいなにか。それが言葉。そんなものを生み出した人間はおもしろいと思う。すべての名詞はじつは代名詞なのだと何かで読んだことがある。僕や君やスプーンをあらわす名詞は本当にその存在を説明できているわけではないからだ。言葉のごく一部に栞《しおり》のように挟まれた映像が垣間見えたとしても、それは僕たちが自分の物差しで映像を幻視しているにすぎない。言葉からこぼれてきた映像を描くことは楽しいけれど、ちょっと安易すぎないか。いつもそう思う。ほんとうは想像の中で映像が遊んでいる状態こそが自然なことなのは充分わかっている。言葉を絵に翻訳したとたん、あやまちが起こる。僕が言葉に沿う絵をなかなか描けないとき、そこには言葉に含まれた映像の聖域性を前にしての躊躇《ためら》いがある。と書きつつ、勇気が少し足りないだけだったりして。

「本を読んで、その印象を描いて展覧会をしませんか？」

そんなお誘いを Title の辻山さんから頂いて、すぐにはお引き受けできなかった。僕は先に並べたような理屈を繰り返しながら、本がぎっしり詰まった本棚の前で圧倒されているような気持ちになった。

やはり、なかなか描けない。僕はふだん本の文章に挿絵を付けるという仕事をしているわけで、もっとすんなりと描けると思ったのに。どうやらいつもの挿絵の仕事とこの仕事とはなにかが違うようなのだ。

辻山さんから伝えられた展覧会の題名は「ことばの生まれる景色」。

一見素通りしてしまいそうな「景色」という単語になんだか引っかかった。景色って、個人が作ろうと思って作れるものではない。だからここで言う景色とは、本の書き手の意志を超えたところで書かれた「眺め」のことを言っているのだろう。本を読むということは、その景色に近づく過程であり、それこそが忘れずにいるべき大切なことなのかもしれない。その景色は、孤独の野に置かれた机で言葉を書いたその人すらも知らない。誰にもたどり着けない。ただ、心配しなくてもその景色がほんとうにあるということだけは僕たちにもわかるのだ。

本は遠いそのどこかからまるで鳥のように羽ばたいて、僕たちの窓辺にやって来る。そしてその故郷の言葉を報《しら》せてくれる。ページをひらいた本のフォルムはほんとうに鳥に似ている。

僕はただ、本になった鳥たちの肖像を描くことに夢中になった。

文・辻山良雄

つじやま・よしお

1972年兵庫県生まれ。
書店「リブロ」勤務を経て、2016年1月、東京・荻窪に
本屋とカフェとギャラリーの店「Title」をオープン。
新聞や雑誌などでの書評、カフェや美術館の
ブックセレクションも手掛ける。
著書に『本屋、はじめました』(苦楽堂)
『365日のほん』(河出書房新社)がある。

絵・nakaban

なかばん

1974年広島県生まれ。画家。旅と記憶を主題に絵を描く。
絵画作品を中心に、イラストレーション、
絵本、文章、映像作品を発表する。新潮社『とんぼの本』や
辻山良雄氏の本屋「Title」のロゴマークを制作。
主な著作は書籍『窓から見える世界の風』(福島あずさ著/創元社)
絵本『よるのむこう』(白泉社)
『ぼくとたいようのふね』(BL出版)など。

ことばの生まれる景色

2019年1月10日　初版第1刷発行/著者:辻山良雄+nakaban/ブックデザイン:鈴木千佳子/DTP:小林正人(OICHOC)/校正:牟田都子/編集:川口恵子/発行人:村井光男/発行所:株式会社ナナロク社　〒142-0064 東京都品川区旗の台4-6-27　電話:03-5749-4976　FAX 03-5749-4977　URL http://www.nanarokusha.com　振替:00150-8-357349/印刷・製本:図書印刷株式会社/プリンティングディレクション:佐野正幸(図書印刷)/ ISBN 978-4-904292-85-3 C0095/